成语西游记

奔跑吧，猪八戒

陈春香／著

民主与建设出版社

图书在版编目（CIP）数据

奔跑吧，猪八戒 / 陈春香著 . —北京 : 民主与建设出版社，2017. 7
（成语西游记）
ISBN 978-7-5139-1100-9

Ⅰ. ①奔… Ⅱ. ①陈… Ⅲ. ①汉语－成语－故事－少儿读物 Ⅳ. ①H136.31-49

中国版本图书馆 CIP 数据核字（2017）第 199630 号

奔跑吧，猪八戒
BENPAOBA ZHUBAJIE

出 版 人 许久文
著　　者 陈春香
责任编辑 郎培培
封面设计 思想工社
出版发行 民主与建设出版社有限责任公司
电　　话 （010）59417747　59419778
社　　址 北京市海淀区西三环中路 10 号望海楼 E 座 7 层
邮　　编 100142
印　　刷 北京彩眸彩色印刷有限公司
版　　次 2017 年 12 月第 1 版　2023 年 3 月第 2 次印刷
开　　本 710mm×1000mm　1/16
印　　张 8.5
字　　数 86 千字
书　　号 ISBN 978-7-5139-1100-9
定　　价 26.80 元

注：如有印、装质量问题，请与出版社联系。

PREFACE 前言

由明代小说家吴承恩创作的《西游记》，是中国第一部浪漫主义长篇神魔小说，被列为中国古典文学四大名著之一。自问世以来，此书精彩曲折的情节和传达的斗争精神一直牢牢吸引着人们，在世界范围内获得无数好评。

与原著《西游记》略有不同的是，《成语西游记》不仅借鉴了唐僧师徒四人西天取经的故事框架、惩恶扬善的思想内核，还将成语文化巧妙地融入故事当中，每篇故事都运用不同的成语，并附上简明的解释，让小读者们在阅读故事的同时，自然地掌握更多的成语知识，提高语文涵养和写作水平。此外，书中趣味十足的训练题也有助于强化小读者们对成语的记忆，只有先记牢了，以后才能用得好。

清华附小有句口号："改变，从阅读经典开始。"本书的精彩故事和成语在增长小读者们知识的同时，还能培养他们的阅读兴趣，带领他们走向阅读经典的道路。

成语，经过历史的沉淀，凝聚着前人的智慧，内涵丰富，意义深远，并且读起来琅琅上口，带有一定的节奏美和韵律美。在中国的文化长河中，成语宛如一颗光彩夺目的珍珠，处处闪烁着动人的独特光辉，我们每一个人都应该认真学习、掌握。

《成语西游记》中，唐僧善良，孙猴子调皮，猪八戒好吃，沙僧沉稳，白龙马忠心耿耿，笔者在生动讲述师徒四人西天取经故事的同时，还展现出他们勇敢坚强、乐观向上的一面，为小读者们描绘出一个全新的“西游世界”。

唐僧不懂法力，但他心地善良，不畏艰难，一心向往取得真经，毫不动摇；孙悟空法力高强，一切妖魔鬼怪都难逃他的火眼金睛，他凭借着自己通天的本领，多次帮师父化险为夷；八戒好吃懒做，但他不仅会三十六变，手中的九尺钉耙也是威力巨大，能说会道的他还解决了许多团队之间的小矛盾；寡言少语的沙僧最不惹人注目，但他老实本分，甘做行李搬运工，任劳任怨，也值得敬佩。

这样四个性格、能力都截然不同的人相遇、相识，结为同伴，一行人说说笑笑、吵吵闹闹，互相扶持着向西方前行。这期间，他们遇到了形形色色的妖怪，帮助了无数受苦受难的百姓，获得了人们的尊重和爱戴。

取经之路，山高水长，小读者们，快跟着唐僧师徒一起，到西游世界中一饱眼福吧！

主角闪亮登场

唐僧

唐朝第一高僧。他以取经为己任，尽管取经之路艰难险阻，依然勇往直前。他心地善良，但总是误会能识破妖魔诡计的孙悟空，等被妖怪抓到后，才大喊：“悟空，救我！”

孙悟空

自称齐天大圣，唐僧的大徒弟。他法力高强，会七十二变，一个筋斗能翻十万八千里，如意金箍棒能随心变化；他的火眼金睛能看穿妖魔鬼怪的伪装，常常帮助师父化险为夷。

猪八戒

法号悟能，诨名八戒，唐僧的二徒弟。他虽好吃懒做又贪玩，但也有一身好本事。他不仅会三十六天罡变，还是个能言善道的机灵鬼，解决了小团队的许多矛盾。

沙悟净

又称沙和尚、沙僧，唐僧的三徒弟。他个性憨厚，忠心耿耿，不像孙悟空那么叛逆、调皮，也不像猪八戒那样好吃、懒惰，一心跟着唐僧去西天拜佛取经。

白龙马

唐僧的坐骑。他本是西海龙王三太子，因纵火烧毁玉帝赏赐的明珠，被贬到蛇盘山鹰愁涧。之后，又误吃唐僧所骑的白马，被菩萨点化，变身为白龙马，载着唐僧上西天取经。

嫦 娥

广寒宫仙子。容貌极为美丽，擅长舞蹈，身边常有玉兔相伴。天蓬元帅喜欢她，她却不放在心上。后因天蓬元帅失礼于她，嫦娥向玉帝告状，使得天蓬元帅被贬到人间。

CONTENTS 目录

八戒讲笑话

以貌取人

我们不能以貌取人，因为每个人都有自己的优点。
嗯。
对！
大家就来说说自己的优点吧！嗯，请苗苗同学先讲。
老师，我的优点是特别能吃苦。
我只能做到苗苗优点的前四个字——特别能吃。
……

趣学故事汇

第1集 我是英俊的天蓬元帅

话说很久以前，天上有一位**风流倜傥**[1]、法力无边的大将，名号天蓬元帅，他掌管天河八万水军，**威风凛凛**[2]，神气极了。

一天，天蓬元帅带着宠物袖珍猪在天庭的花园里散步。没过一会儿，天蓬元帅就觉得无聊了，想回元帅府休息。袖珍猪好不容易出来玩，还没玩够，它赶紧抱住天蓬元帅的大腿，哀求说：“元帅，别走，咱们再玩一会儿。”

天蓬元帅环顾四周，觉得这天上的一切都毫无新意，根本没什么可玩的。就在这时，花园里出现了一位漂亮的仙女。只见她**明眸皓齿**[3]，像从画中走出来的一样。天蓬元帅被这个仙女的美

①风流倜傥

风流：英俊而有才华；倜傥：洒脱放逸。指才气横溢、英俊潇洒，不拘礼法。

近义词：风流潇洒

反义词：无

②威风凛凛

凛凛：严肃，可敬畏的样子。形容威武雄壮，很有气派，声势逼人。

近义词：八面威风

反义词：威风扫地

③明眸皓齿

眸：眼珠；皓：洁白。明亮的眼睛，洁白的牙齿。形容女子的美貌。

近义词：蛾眉皓齿

反义词：獐头鼠目

貌惊呆了，瞪着大眼睛巴望着。

袖珍猪见元帅对他**不瞅不睬**[4]，奋力跳到天蓬元帅的大拇指上咬了一口，疼得他“哎哟、哎哟”地叫了起来。那仙女见堂堂天蓬元帅被一只猪戏弄，**忍俊不禁**[5]，她含笑的模样更让天

蓬元帅痴迷不已。直到仙女离开，天蓬元帅还**呆若木鸡**[6]地站在那儿。

天蓬元帅望着仙女离去的方向**喃喃自语**[7]：“她可真漂亮，要是我能再见她一面，就再无遗憾了。唉，我真是个猪头，刚才竟然忘记问她是谁了。”

袖珍猪哼哼两声说：“哼哼，遇上这样没出息的主人，真丢人。”天蓬元帅听见了，涨得满脸通红，不好意思地说：“那你知道刚才的仙女是谁吗？”袖珍猪哼哼说：“当然知道了，她是天庭最好看的仙女，名叫嫦娥，就住在广寒宫。过几天王母娘娘宴请宾客，她也会去。元帅，不如你好好准备，到时候给嫦娥仙子留个好印象。”

听袖珍猪这么一说，天蓬元帅顿时来了精神，他连忙回到元帅府，找出所有帅气的衣服，站在镜子前左看右看，好一会儿才选好参加宴会要穿的衣服，天蓬元帅暗暗下定决心，一定要让嫦娥喜欢上自己。

④不瞅不睬

瞅：看；睬：理睬。不看也不搭理。

近义词：无

反义词：无

⑤忍俊不禁

忍俊：含笑；不禁：不能自制，止不住。忍不住要发笑。

近义词：哑然失笑

反义词：悲不自胜

⑥呆若木鸡

呆得像木雕的鸡一样。形容因恐惧、惊讶或困惑而发愣的样子。

近义词：目瞪口呆

反义词：神色自若

⑦喃喃自语

喃喃：拟声词，表示连续不断地小声说话。小声地自己跟自己说话。

近义词：自言自语

反义词：无

趣味练练练

成语练习场

选择恰当的字，填到成语的空格处。

黑
白
赤
绿
黄
灰
青
紫

人	老	珠	
	胆	忠	心
	灯	瞎	火
	云	苍	狗
	气	东	来
	叶	成	荫
心	如	死	
	梅	竹	马

成语贪吃蛇

将下图的成语补充完整，让贪吃蛇动起来吧。

昭	然	若	□	竿	而	□	早	贪	□
									灯
草	□	已	成	□	中	敌	□		瞎
非							破		□
□		剑	□	影	绰		家		上
思		光			□		□		浇
物		□					羊		□
□		藏					补		然
共		里					□		而
目		□	为	涕	□	可	不		□
□									离
乌	虚	□	骄	之	□	洞	有	□	死

八戒讲笑话

精卫填海

啊，帅帅，这里泡澡可真舒服啊！
我来也！看我为大家表演一个高难度跳水！
强强，你太牛了！精卫填海用了千万年，而你只要几秒！
嘿嘿，不好意思！

趣学故事汇

第2集 嫦娥妹妹，我不是有意的

转眼到了王母娘娘宴请宾客的日子，天蓬元帅穿上金灿灿的战衣，十分神气。酒宴还没开始，天蓬元帅就来到了瑶池，他瞧见嫦娥和几个仙女正在准备酒水，就想上前帮忙。没想到，他太紧张了，一不留神把准备好的酒水都打翻了，惹得众仙**哄堂大笑**[1]。天蓬元帅不好意思地挠挠头，赶快帮忙收拾打翻的杯盏，只是他**笨手笨脚**[2]的，帮了许多倒忙。

①哄堂大笑

哄：好多人同时发出声音。指满屋子的人同时大笑起来。

近义词：无

反义词：鸦雀无声

不一会儿，仙女们把食物摆放好，王母娘娘也身着盛装出现，瑶池酒宴正式开始了。只见瑶池两侧升起云烟，七仙女和嫦娥**载歌载舞**[3]，给众仙助兴。天蓬元帅看得**心猿意马**[4]，只觉得看

②笨手笨脚

形容人动作笨拙，不灵巧。

近义词：无

反义词：心灵手巧

③载歌载舞

载：文言助词，无实义。一边唱歌，一边跳舞。形容尽情欢乐。

近义词：无

反义词：无

嫦娥跳舞，是一生中最幸福的事了。

不知不觉中，天蓬元帅喝得酩酊大醉，可他的视线一刻都没离开过嫦娥，他心里暗暗想道：不知道嫦娥有没有注意到我……不行，我得露一手，让她对我**刮目相看**⑤。这样想着，天蓬元帅给大伙打了一套醉拳，获得满堂喝彩，只是嫦娥依然**熟视无睹**⑥。

很快酒宴结束了，众仙都各自回了自己的仙府，嫦娥也抱着玉兔回广寒宫去了。天蓬元帅非常失落，他很想和嫦娥多待一会儿。突然，他想到一个绝佳的点子，打算跟着嫦娥到广寒宫去表白。于是，天蓬元帅变成一只仙鸟，悄悄地跟在嫦娥身后。

广寒宫在月亮上，这里只住着嫦娥和玉兔，玉帝曾下过旨意，除了嫦娥和玉兔，谁也不能到月亮上去。天蓬元帅美滋滋地来到广寒宫门口，见这里连个守卫都没有，顿时**心花怒放**[7]，随后轻手轻脚地溜进了广寒宫。

嫦娥法力不高，没察觉到有人擅入广寒宫，和玉兔玩起了荡秋千。广寒宫里有一棵桂花仙树，是嫦娥的心爱之物。天蓬元帅躲在树下偷看嫦娥，可他闻不了桂花的香气，一连打了好几个喷嚏。

嫦娥听到动静，大喊一声：“是谁擅闯广寒宫？”说着就向桂花树的方向投下一个捉妖袋，天蓬元帅慌了神，情急之下不仅把桂花树给折断了，还把捉妖袋击了个粉碎。天蓬元帅突然意识到自己身处广寒宫，连忙给嫦娥赔礼道歉，但已经晚了，嫦娥见天蓬元帅醉醺醺地闯入广寒宫，还毁了自己的心爱之物，十分生气，立即叫来天兵抓住天蓬元帅，押到玉帝那里告状去了。

④心猿意马

思想好像猿跳马奔一样控制不住。形容心思不专、不定，主意变化无常。

近义词：心不在焉

反义词：专心致志

⑤刮目相看

刮目：擦亮眼睛。改变老眼光，用新眼光看人。

近义词：另眼相看

反义词：无

⑥熟视无睹

熟视：经常看到，看惯；无睹：没有看见。经常看到，却像没有看见一样。表示对某个现象不关心，不重视。

近义词：视而不见

反义词：无

⑦心花怒放

怒放：盛开。心里高兴得像花朵盛开。形容喜悦兴奋之情。

近义词：欣喜若狂

反义词：五内俱焚

趣味练练

看成语选季节

将下面的季节和对应的成语连接起来。

春天

夏天

秋天

冬天

冰天雪地
春暖花开
银装素裹
绿草如茵
白雪皑皑
烈日炎炎
骄阳似火
雨后春笋
金风送爽
秋色宜人
雁过留声
暑气熏蒸

成语接力赛

快来完成下面这场成语接力赛吧！

八戒讲笑话

东倒西歪

趣学故事汇

第3集 玉帝生气抖三抖，天蓬元帅变成猪

天蓬元帅满身酒气，到了凌霄宝殿还不老实，借着酒意把爱慕嫦娥的话都说了出来。玉帝高堂威坐，听了天蓬元帅的糊涂话，气得火冒三丈。原来在天庭，神仙是不能有情感的，天蓬元帅触犯了天条，还擅自闯入广寒宫，戏弄嫦娥，这是大罪啊。

玉帝问道：“天蓬元帅，你知不知道自己犯了什么错？”天蓬元帅醉醺醺的，只知道**胡言乱语**[1]，他嚷嚷道：“我没有错，我喜欢嫦娥妹妹，去找她玩有什么错？”玉帝**勃然大怒**[2]，斥责道：“天蓬，你作为神仙，居然触犯天条，还**屡教不改**[3]，你看看你这副醉醺醺的模样，

①胡言乱语

说胡话，或无根据地随意乱说。也指无理的或无根据的话。

近义词：胡说八道

反义词：有的放矢

②勃然大怒

勃然：生气时脸变色的样子。形容人大怒的样子。

近义词：怒发冲冠

反义词：欣喜若狂

③屡教不改

屡：多次。多次教育，仍不改正。

近义词：怙恶不悛

反义词：痛改前非

哪儿还有神仙的样子？看来不给你点惩罚，你是不会悔改的。”

天蓬元帅听到要惩罚自己，也生起气来，嚷嚷说：“我没有错，你还要罚我？这样的神仙不

做也罢！”

玉帝本就一肚子气，看到天蓬元帅仗着自己有些法力，又有**高官显爵**[4]，竟敢对自己**出言不逊**[5]，顿时怒火激增，大手一挥，写下圣旨宣布道：“天蓬元帅触犯天条、戏弄嫦娥，把他贬下凡间，废除他的仙位！”说完，一道白光闪过，天蓬元帅顿时消失不见，从万丈高空掉了下去。

就在掉下凡间的时候，一个大户人家的夫人正要生产，天蓬元帅决定投胎到她家，以后好有享不尽的**富贵荣华**[6]。可就在准备投胎的时候，这户人家的母猪也要生产，天蓬元帅没看清，投错了胎，竟被母猪生了出来，变成了一只白白胖胖的小猪。

天蓬元帅投完胎，本来准备过**锦衣玉食**[7]的生活，却发现自己投错了胎，这里没有舒服的床，也没有仆人，他还变成了一只猪。天蓬元帅追悔莫及，心里感叹道：堂堂的天蓬元帅，竟然变成了一只猪！以后可怎么办啊！这样想着想着，天蓬元帅伤心地睡着了。

④高官显爵

指尊贵的官职，显赫的爵位。

近义词：高官厚禄

反义词：无

⑤出言不逊

逊：谦让，恭顺。说话傲慢不客气。

近义词：出口伤人

反义词：彬彬有礼

⑥富贵荣华

富贵：既有钱又有地位；荣华：草木开花，比喻兴旺昌盛。指有钱有地位，昌盛显达。

近义词：无

反义词：穷困潦倒

⑦锦衣玉食

锦：彩色有花纹的丝织品；锦衣：鲜艳华美的衣服；玉食：珍奇精美的食品。形容生活豪华奢侈。

近义词：丰衣足食

反义词：布衣蔬食

趣味练练练

神龙摆尾

将下列成语补充完整，完成接龙方阵。

无			寻			柳
边		悬			明	
			世			下
法						
		现			神	

成语练习场

根据题意，将下列成语补充完整。

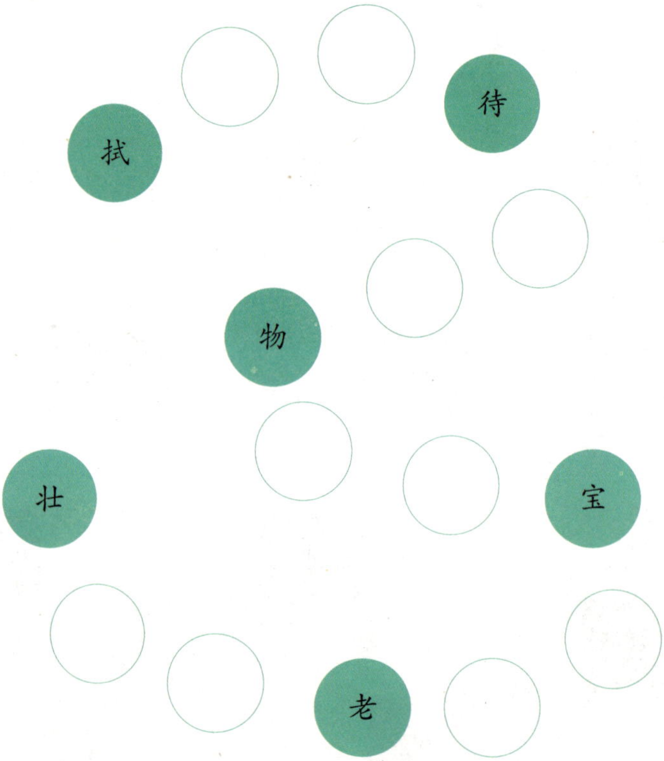

八戒讲笑话

绞尽脑汁

趣学故事汇

第4集

猪圈待不住，老猪心里苦

话说天蓬元帅被贬下凡间，投到猪胎成了一只小猪。这天早上，养猪倌儿到猪圈喂饲料，惊喜地发现，母猪生了一只白白胖胖的小猪。说也奇怪，这只猪不爱抢食，整天**怏怏不乐**[1]的，养猪倌儿以为是其他小猪欺负它，每天都弄些好吃的给它吃，不久，这只小猪食欲大振，吃得多、长得快，还混成了圈中猪霸。

原来天蓬元帅想通了，它瞧着每天都有人好吃好喝伺候它，觉得当头猪也没啥不好的，既不用干活，还有吃的，整天**无忧无虑**[2]的。

转眼一个月过去了，天蓬元帅吃得又肥又胖，白里透红，非常健壮。这天，管家来到猪圈查看，

①怏怏不乐

怏怏：不满意的样子。形容心中郁闷，极不满意的神情。

近义词：郁郁寡欢

反义词：欢天喜地

②无忧无虑

没有任何忧虑。形容心情非常舒畅自然。

近义词：无牵无挂

反义词：忧心如焚

瞧见天蓬元帅白白胖胖的，非常高兴，对养猪倌儿说：“这头小猪养得真好，过两天要给小少爷办满月酒，到时候就宰它吧。”

天蓬元帅听了这话，吓得嗷嗷直叫，管家反

③抚掌大笑

抚：拍。指拍手大笑。形容非常高兴或得意。

近义词：拍手称快

反义词：抱头痛哭

倒**抚掌大笑**③说：“这头猪挺机灵，听说要吃它，还叫唤起来。给我看好了，别让它跑了。”

管家吩咐完，养猪倌儿立马把天蓬元帅从猪圈里提了出来，把它单独关起来，给它准备美味的饲料。天蓬元帅这时候才知道啥叫“人怕出名猪怕壮”，他气恼地挥舞着小猪蹄，恨不得把以前吃的美食都吐出来。

折腾了一下午，天蓬元帅也累了，它巴望着圈外，觉得自己不能**坐以待毙**④，要想办法从这儿逃出去，可它该怎么逃跑呢？第二天，养猪倌儿照样拿来好吃好喝，天蓬元帅寻思道：我要想逃跑，就得有体力，我要吃饱饱的，才有力气逃出去。

到了小少爷满月那天，养猪倌儿拿着刀走进猪圈，就在**千钧一发**⑤的时候，天蓬元帅用尽力气，疯狂地冲出猪圈，其他几只小猪见了都哼哼着给它鼓劲。天蓬元帅东逃西窜，把府里搅得**鸡飞狗跳**⑥，养猪倌儿一边跑，一边喊着：“抓猪啊，抓猪啊！”

几个大汉堵在门口，准备捉猪的时候，天蓬元帅奋力一跳，从他们的头顶上跃了过去，消失在**熙熙攘攘**⑦的街市上。

④坐以待毙

待：等待；毙：死。坐着等死。指处在困难或危险的境地，没有办法或不积极设法而采取消极的态度，听其自然。

近义词：束手待毙

反义词：垂死挣扎

⑤千钧一发

钧：古代重量单位，一钧为三十斤。一根发丝吊着千钧重物。比喻情况万分危急。

近义词：危如累卵

反义词：稳如泰山

⑥鸡飞狗跳

形容因恐惧而引起的非常混乱的情景。

近义词：鸡犬不宁

反义词：鸡犬不惊

⑦熙熙攘攘

熙熙：和乐的样子；攘攘：纷乱的样子。形容人来人往，喧闹纷杂。

近义词：熙来攘往

反义词：杳无人迹

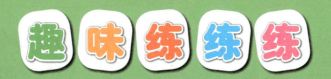

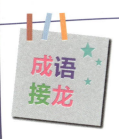

趣味练练练

成语接龙

将下图中的成语补充完整。

	腾	虎	
	然	纸	
	蹿	下	
	梁	小	
	态	百	
	尔	反	
	虞	我	

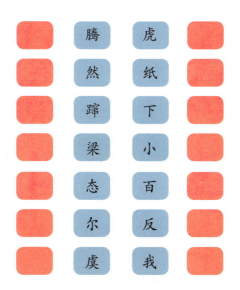

成语填空

将下图中的生肖成语补充完整。

卧虎藏（ ）	（ ）生九子	（ ）郎织女
亡（ ）补牢	千军万（ ）	叶公好（ ）
画（ ）添足	青梅竹（ ）	龙（ ）精神
金戈铁（ ）	庖丁解（ ）	汗（ ）充栋
塞翁失（ ）	守株待（ ）	三人成（ ）

八戒讲笑话

有问必答

上课之前，同学们相互之间检查一下作业。
我来帮你看下作业吧，帅帅。
那麻烦你了。
你怎么把“有问必答”写成了“有问鼻答”？
那天，我问你一道数学题，你不就是用鼻子“哼”了一声吗？

趣学故事汇

第 5 集 不行，我得恢复帅气模样

天蓬元帅孤零零地走在大街上，惹得村民们**议论纷纷**[1]，好奇是谁家的猪跑了出来。傍晚时分，天蓬元帅觉得又饿又困，忽然他闻到一股饭菜的香味，不由流起了口水。天蓬元帅努努嘴，嘟囔着："我好不容易**虎口逃生**[2]，还是先填饱肚子吧。"

他闻着饭菜的香味来到一户人家，见院子的篱笆少了一块，就从小洞里钻了进去。天蓬元帅正为自己的聪明感到高兴，却感觉有什么东西滴到了他的头顶。他扭头一看，面前的**庞然大物**[3]吓得他差点魂飞魄散，他撒腿就跑，跑了很久，耳边还传来那只大狼狗的怒吼声。

天蓬元帅不停地奔跑，终于甩掉了那只大狼

①议论纷纷

形容众人谈论不休，意见不一，说法众多。
近义词：众说纷纭
反义词：众口一词

②虎口逃生

虎口：比喻危险的境地；余：留下的，剩下的。从老虎嘴里逃出来的性命。比喻经历了极大的危险，侥幸保全下来的生命。
近义词：死里逃生
反义词：在劫难逃

③庞然大物

庞然：高而大的样子。形体庞大的东西。形容表面上强大，实际上没什么了不起的东西。

近义词：硕大无朋

反义词：小巧玲珑

狗。他累得瘫倒在地，心里琢磨着：想当初，我是天庭**八面威风**[4]的大元帅，可如今呢？差点成为别人餐桌上的美味不说，连只狗都敢欺负我。这样的日子，我可怎么过啊？

他这样想着，迷迷糊糊地在街边睡着了。睡

梦中他又变成了**气宇不凡**⑤的天蓬元帅，吃香的、喝辣的，还有嫦娥妹妹做伴。半夜，一场**突如其来**⑥的大雨惊醒了天蓬元帅的美梦，让他意识到自己已经不是什么大将军，而是一只**举目无亲**⑦、**孤苦伶仃**⑧的猪。天蓬元帅伤心极了，就在这时一个念头闪过了他的大脑，他嘟囔着：“不行，我要恢复真身，变回天蓬元帅的模样。”

天蓬元帅抖擞精神，他想起灵台山上有一个斜月三星洞，住在那儿的菩提老祖是个得道仙人，于是他决定去学法术，恢复真身，摆脱猪的模样。灵台山和这儿隔着万水千山，但为了变成人的模样，他不惧险阻，历经各种磨难，终于来到了灵台山。

天蓬元帅来到洞前，用前蹄拍打洞门，大声喊道：“弟子天蓬元帅，特来拜师学艺！”突然，洞门自己打开了。天蓬元帅一路小跑，见有个白胡子的老头儿正在树下打坐，他估摸着这就是菩提老祖，拜见说：“弟子曾是天蓬元帅，如今被贬下凡，特来此地拜师学艺。”

菩提老祖睁眼一瞧，哪有什么天蓬元帅，只有一只灰头土脸的猪。但老祖见这猪会说人话，明白他说的都是真的，就答应收他为徒。从此，天蓬元帅就在灵台山修炼法术。

④八面威风

形容威风十足，声势逼人。

近义词：威风凛凛

反义词：无精打采

⑤气宇不凡

气宇：气度，气概。形容人的气质、风度出众，不同一般。

近义词：无

反义词：无

⑥突如其来

突如：突然。突然到来或发生。

近义词：猝不及防

反义词：无

⑦举目无亲

举目：抬起眼睛，指抬头看。抬头看不到一个亲人。形容人地生疏。

近义词：无亲无故

反义词：三亲六眷

⑧孤苦伶仃

伶仃：孤独无依靠。孤单困苦，无依无靠。

近义词：形单影只

反义词：无

趣味练练练

成语接龙

将成语补充完整，让下图中的贪吃蛇动起来吧。紫色框为首尾共享字。

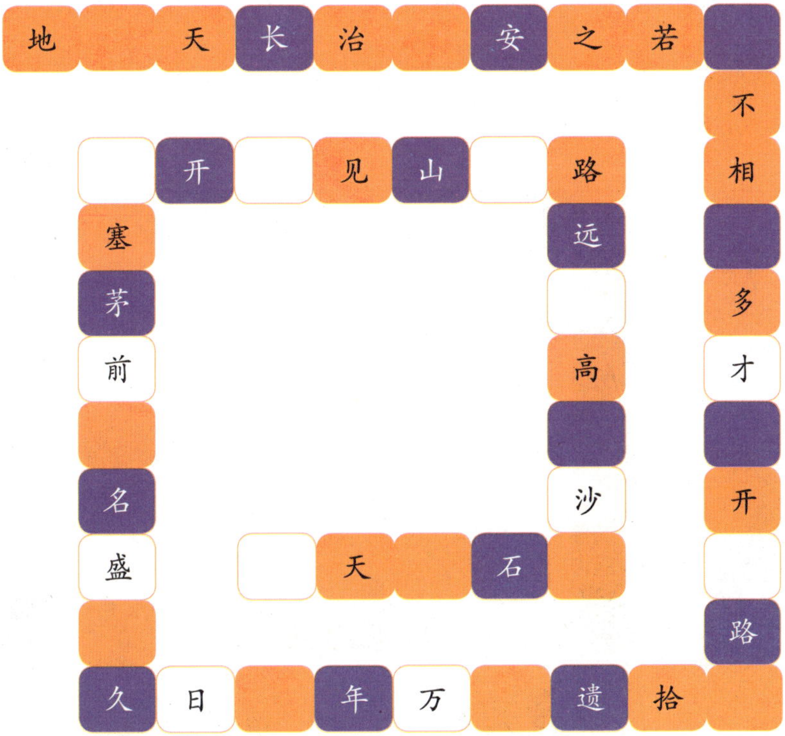

成语谐音接龙

补齐下图空格中的成语，空格中可填写谐音字。

风	花	雪			然	纸			心	欲
										一
										死
			惯	生			头	露		
		入								
		虎								
								梦	说	人
		人								
		心								来
										姗
			言	碎			公	移		

八戒讲笑话

举一反三

“波涛汹涌”这个成语的四个字偏旁都一样，哪个同学能举一反三？
老师，我知道！玩玻璃球。
谁再说一个五字的？
老师，炸烤炒炖焖，行吗？
谁能说出一个一百字的。

趣学故事汇

第6集 我要学本领

春去秋来，转眼几年过去了。当年的小猪已经**今非昔比**[1]，成功修成了人形，只是他天性懒惰，不肯好好修行法术，所以虽有人的身体，却长了一张猪脸，他还给自己起了个诨名，叫猪刚鬣。这天猪刚鬣找到菩提老祖，跪拜说：“师父，弟子已经修行多年，可您从未教过我什么本事，不如您教我些实用的本事吧。”

菩提老祖知道他非池中物，就问他：“你想学什么本事？”猪刚鬣是个实心肠，哼哼两声说：“师父，老猪我懒惰，不爱学那些高深的本事。您教我些饿不死的本事就行。”菩提老祖听了这话，气得脸色铁青，说：“我瞧你天赋异禀，这

①今非昔比

现在不是过去所能比得上了。形容变化很大。

近义词：无

反义词：依然如故

②自暴自弃

暴：糟蹋，损害；弃：抛弃，鄙弃。自己轻视自己并糟蹋自己，甘于落后。

近义词：妄自菲薄

反义词：自强不息

才收你为徒，谁知道你竟然这么**自暴自弃**[2]，不思进取。”

猪刚鬣听了，这才知道原来师父对自己寄予厚望，赶紧磕头请罪：“师父，弟子知错了，请

③好吃懒做

只讲吃喝，不爱劳动。形容人又懒又馋。

近义词：好逸恶劳

反义词：吃苦耐劳

师父教我些好本事。”菩提老祖叹了口气，说道：“唉，我知道你**好吃懒做③**，教你好本事你也学不精明。算了，你就安心修行吧。”说完，抛下猪刚鬣，自己走开了。

猪刚鬣顿时感到**无地自容④**，此后他**通宵达旦⑤**地修炼，希望师父能原谅他，教他本事。一连数月过去了，猪刚鬣的本事大有长进，菩提老祖看到他这样**夙兴夜寐⑥**，心里十分高兴。他暗自琢磨着：这猪刚鬣不是凡夫俗子，将来定能成就一番大事业。只是他生性惫懒，即便我愿意教他，他也学不出什么，倒不如先磨炼磨炼他的意志，也好助他成事。

又过了几个月，菩提老祖见猪刚鬣已经**浪子回头⑦**，就问他：“猪刚鬣，你想学什么本事？”猪刚鬣说：“师父，弟子粗笨，想学些变化的本事。”菩提老祖十分欣慰，决定教他一些高强的本事。

④无地自容

容：容纳。没有地方可以藏身。形容羞愧之至。

近义词：汗颜无地

反义词：厚颜无耻

⑤通宵达旦

通宵：整夜；达：到；旦：天亮。整整一夜，直到天亮。

近义词：夜以继日

反义词：无

⑥夙兴夜寐

夙：早；兴：起来；寐：睡。早起晚睡。形容勤奋。

近义词：夜以继日

反义词：饱食终日

⑦浪子回头

浪子：游手好闲、不务正业的人。比喻误入歧途做了坏事的人改过自新。

近义词：悔过自新

反义词：执迷不悟

趣味练练练

成语填空题

根据图意填写成语。

胸	有		竹	报	平		之	若	
									不
壮		同	道		情		理		相
心									
			草	美	人		气		途
雌		天							老
一							志		
		国					凌		到
不			通		万	程			成
疑									
	宜	不		论	事		就	名	成

成语接长龙

将下图中的空白格补充完整，完成接龙游戏。

石		大		阔	天			传	
									势
似									大
深									呼
									小
之									
动									连
地									
	山				大	闻	久		长

八戒讲笑话

班师回朝

趣学故事汇

第7集 七十二变还是三十六变

这天菩提老祖叫猪刚鬣到自己禅房来，问道：“我有两种变化之术，一种是地罡七十二般变化，另一种是天罡三十六般变化，你想学哪一种？”猪刚鬣一听，顿时来了精神，同时在心里琢磨着：七十二般变化能变化七十二种形态，可我最想变成天蓬，学那么多也没用。他回答道：“师父，弟子蠢笨，害怕学不会七十二般变化，您还是教我天罡三十六般变化吧。”随后的几个月里，猪刚鬣每天跟随师父学习，很快就学会了三十六变。

菩提老祖瞧猪刚鬣**赤手空拳**①的，就对他说：“灵台山山顶上住着一个九头蛇精，你要是能降服他，他就能变成一件兵器为你所用。你到山顶

①赤手空拳

赤手：空手。两手空空，什么也没拿。指打斗时手中没有任何武器。也比喻毫无凭借。

近义词：手无寸铁

反义词：披坚执锐

②气喘如牛

像牛一样大声喘气。比喻呼吸急促。

近义词：气喘吁吁

反义词：无

③一声不响

声：声音，声响；响：响声。指不发出一点声音。

近义词：默不作声

反义词：侃侃而谈

去试试吧。”

第二天，猪刚鬣带上几包干粮上山去了，走了好久还没到，他已经累得**气喘如牛**②，于是坐在一棵大树下休息，嘴里嘟囔着：“师父明明有驾云的本事，却不教给我，还叫我走这么远的山

路。”休息了整整一个中午，猪刚鬣才继续向山顶走去。

到了傍晚，他好不容易爬上山顶，发现不远处有个石洞。他**一声不响**[3]地凑过去看，里面果然有一个九头蛇精。猪刚鬣**左思右想**[4]：我不知道这妖怪本事如何，不能贸然进攻，得试探他一下。于是，他变成一只小飞虫，飞进山洞里，只见那蛇精鼻息如雷，睡得正香。猪刚鬣猛地现出原形，一把揪住蛇精尾巴，用尽吃奶的力气把他甩出洞去。那蛇精被甩得**头昏眼花**[5]，根本攻击不着猪刚鬣。都说打蛇打七寸，猪刚鬣攥起拳头，朝蛇身七寸的地方挥出一拳，把蛇精打倒在地，那九头蛇精变成了一把九齿钉耙。猪刚鬣拿在手上，用着正好，便**得意扬扬**[6]地下山了。

菩提老祖见猪刚鬣凯旋，又教给他驾云的本事，对他说：“你如今学有所成，可以下山去了。”猪刚鬣拜别菩提老祖，离开了灵台山。正当他不知该去往何处时，菩萨现身了。菩萨说：“天蓬元帅，你因犯下天条被贬下凡，如今给你一个**将功赎罪**[7]的机会，你到高老庄等着唐僧出现，护送他到西天取经吧。”听了菩萨的话，猪刚鬣便往高老庄走去。

④左思右想

形容反复考虑。

近义词：思前想后

反义词：不假思索

⑤头昏眼花

头脑发昏，眼睛发花。也形容被纷繁的事物或景象弄得不知如何是好。

近义词：无

反义词：无

⑥得意扬扬

形容非常得意的样子。

近义词：得意忘形

反义词：垂头丧气

⑦将功赎罪

赎：抵消，弥补。指拿功劳抵消或弥补罪过。

近义词：将功补过

反义词：无

趣味练练练

神龙摆尾

将下列的成语补充完整，完成接龙方阵。

后	□	居	上	善	□	□
						中
						捞
二						月
□						□
一						风
说						□
途						心
□						寡
□	会	说	□	不	□	欲

叠字成语游戏

根据提示，完成接龙游戏。

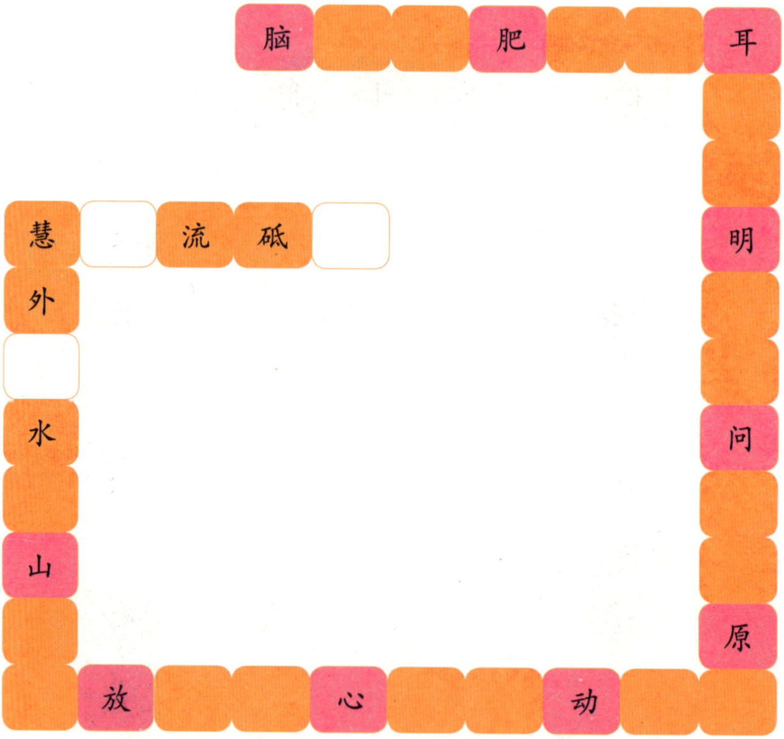

八戒讲笑话

夜以继日

老师说我必须夜以继日地学习，才有可能赶上其他同学。
老师这是在鼓励你呀！
难道我真的是一个傻孩子吗？
……
傻孩子，你怎么会是傻孩子呢？

趣学故事汇

第 8 集

我要入赘当女婿

话说猪刚鬣法力**与日俱增**[1]，又受菩萨点化，前去高老庄，准备在那儿等唐僧的到来。这天，高老庄热闹非凡，市集上**车水马龙**[2]，路上挤得水泄不通。猪刚鬣觉得十分好奇，就变成一个**英姿飒爽**[3]的男子，挤到人群里了解情况。

原来高老庄的大户人家——高员外家正在招女婿。街上的那些壮汉，都是想入赘他家的。猪刚鬣听后，在心里打起了小算盘，他琢磨着：菩萨说让我保护唐僧到西天取经，可谁也不知道他什么时候来。我倒不如在这儿入赘当了高家的女婿，唐僧要是来了，我就护送他取经；要是他不来，我就在这儿娶妻过日子。

①与日俱增

与：跟，和。随着时间一天天增加而增长。形容不断增长或增长速度很快。

近义词：日增月益

反义词：每况愈下

②车水马龙

车辆像流水，马连成游龙。形容车马往来不绝，非常繁华热闹。

近义词：络绎不绝

反义词：无

③英姿飒爽

飒爽：豪迈矫健。形容体态矫健，精神焕发。

近义词：意气风发

反义词：委靡不振

他挤到人群中间，大声喊道："我还没娶妻，我要入赘！"高员外看见有个满头大汗的壮年男子跑了过来，又见他**仪表堂堂**④、穿戴整洁，顿时心生喜欢，问他："这位壮士，你叫什么，是哪里人啊？"

猪刚鬣恭恭敬敬地给高员外磕了个头，诚恳地回答道：“我姓猪，大家都叫我猪二。我是福建人，家中无父无母，也没兄弟姐妹，一直没有成亲。听说您家在招女婿，特来应招的。”高员外瞅着小伙子挺精神，模样也好，就叫自己的小女儿出来，小声询问女儿的意见。

只见这姑娘**低眉顺眼**⑤，模样十分俊俏，她对猪刚鬣颇有好感。高员外想着他孤苦伶仃，招他做上门女婿，也好给自己养老送终，就对猪刚鬣说：“我瞧你也是个老实人，那就先到我府上住下，改天选个好日子，再让你和我小女儿翠兰成亲。”就这样，猪刚鬣住进了高员外的家。

猪刚鬣十分勤快，住进高家以后，每天**起早贪黑**⑥，做事**脚踏实地**⑦，高员外对这个准女婿十分满意，没过多久，选了一个好日子，让女儿和他成亲。

④仪表堂堂

形容男子容貌端正，风度不俗。

近义词：相貌堂堂

反义词：其貌不扬

⑤低眉顺眼

低着眉头，眼中流露出顺从的神情。形容驯良、顺从的样子。

近义词：百依百顺

反义词：盛气凌人

⑥起早贪黑

起得早，睡得晚。形容辛苦劳碌。

近义词：夙兴夜寐

反义词：无所事事

⑦脚踏实地

比喻做事踏实，实事求是，不浮夸。

近义词：兢兢业业

反义词：好高骛远

趣味练练练

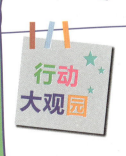

行动大观园

将下面的成语补充完整，完成接龙方阵。

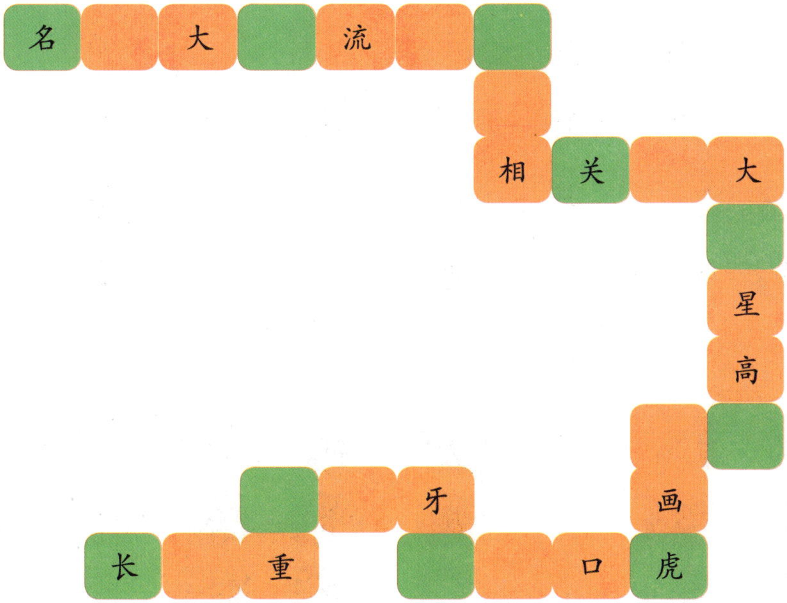

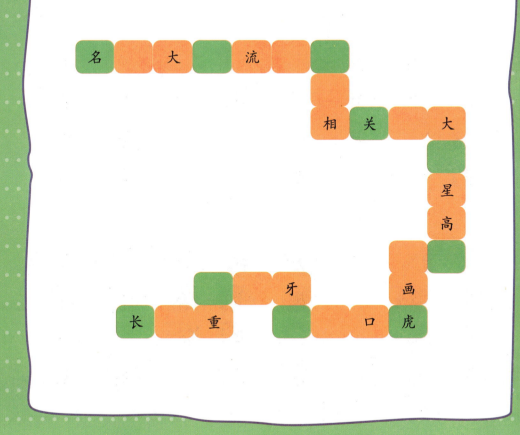

动词组成语

在下图的空格中填写词语，使成语完整。

走 奔走 赴 扬 载 斩 跃 横行 没

戴 兼程 跋山 舞 敏捷 驰 作

	马	观	花
欢	呼	雀	
		相	告
满		而	归

		涉	水
劈	波		浪
前		后	继
		霸	道

神	出	鬼	
披	星		月
日	夜		
耀	武		威

营	私		弊
兴	风		浪
身	手		
风		电	掣

八戒讲笑话

捕风捉影

popo!!
呀，不小心又放出来了。
帅帅，你怎么一天到晚地“熏陶”我们？
啧。
呕！
你们不要捕风捉影，班上这么多人，凭什么说是我放的？
你们……
因为……因为还是……一样的味道……呕……

趣学故事汇

第 9 集 我怎么在别人眼里是妖怪

一大早，高员外的府上就**张灯结彩**[1]，邻里街坊都前来道贺。新郎官身穿红袍，十分喜庆，大伙都为高员外家的这门亲事感到高兴。迎宾送客，忙活了一整天，此时猪刚鬣已经喝得大醉，变化术也慢慢消失。就在他准备和妻子翠兰洞房的时候，翠兰突然厉声尖叫："你是什么人？"猪刚鬣哼哼两声说："我是你相公啊。"

①张灯结彩

张：悬挂；结：系，扎。挂上灯笼，系上彩绸。形容喜庆、热闹的景象。

近义词：无

反义词：无

翠兰**大惊失色**[2]，夺命似的跑了出去。猪刚鬣这才意识到，自己喝了酒，法力不稳定，现出了原形，赶紧稳定法术又变成了俊俏模样。翠兰带着家丁冲到院中，发现那个猪头人身的怪物已经不见了。猪刚鬣安慰她说："你一定是太累，

②大惊失色

失色：脸色变得苍白，失去本色。大吃一惊，变了脸色。形容非常惊恐。

近义词：面色如土

反义词：面不改色

③转危为安

指局势、病情等转危急为平安。

近义词：化险为夷

反义词：凶多吉少

眼花了，休息一下就好了。”幸好这次得以**转危为安**[3]，老猪顺利瞒过了翠兰和高老员外。

转眼间，猪刚鬣已经成亲半月有余，他每天都**不辞劳苦**[4]地下田干活，变化术开始变得很不稳定。后来他干脆不使用变化术了，这可把高员外吓了一大跳。成亲前是个英俊的男人，谁能料到，女婿居然是个人身猪脸的怪物。翠兰每天哭天抹泪，做梦都想赶快摆脱这个怪物。

这天晚上，猪刚鬣从田里回来，刚进家门就被家丁团团围住。原来是高员外见不得女儿受苦，命家丁把女儿藏了起来，想把猪刚鬣赶出去。猪刚鬣生气地说：“我生得是不好看，可也不是你们口中的妖怪！”说完，他鼓起腮帮子用力一吹，数名家丁都被吹飞了，接着使个法术，一下子就找到了翠兰，带她腾空飞起，住到后宅子去了。

高员外吓得**骨软筋麻**⑤，哭得**呼天抢地**⑥，道：“我家怎么招来这样一个妖孽，这可叫我怎么活啊？”此后的三年里，高员外一直四处寻找**名扬四海**⑦的高人，只盼有人能降服这妖怪，救出自己的女儿。

④不辞劳苦

辞：推辞。不推辞劳累辛苦。形容人工作勤奋，不怕吃苦。

近义词：任劳任怨

反义词：好逸恶劳

⑤骨软筋麻

形容人全身瘫软无力。也形容非常害怕的样子。

近义词：胆战心惊

反义词：无

⑥呼天抢地

抢地：触地。大声向天呼号，用头碰地。形容极度悲伤的样子。

近义词：捶胸顿足

反义词：手舞足蹈

⑦名扬四海

四海：泛指全国或天下。名声传遍了天下。形容名声极大，人尽皆知。

近义词：名满天下

反义词：默默无闻

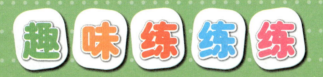

趣味练练练

成语总动员

根据图意，完成下面的成语接龙。

	人	师		里	如	
						臂
						之
				纸	透	
			信			
			弃			
	容	不				
旧						
迎						
	仇	旧		之	入	

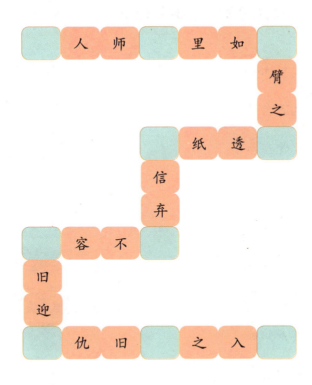

选择近义词

请从方框中选出下列成语的近义词。

独占鳌头	自告奋勇	倒背如流
草木皆兵	随声附和	痴心妄想
理所当然	委靡不振	自不量力

人云亦云	
毛遂自荐	
螳臂当车	
白日做梦	
没精打采	
天经地义	
滚瓜烂熟	
风声鹤唳	
名列前茅	

八戒讲笑话

满城风雨

我只是嗓子哑了。
你知道吗？帅帅发高烧了！
啊？
听说，帅帅得了肠胃炎。
真的！？
#@%±*#
咦——好可怕！
听说了吗？帅帅得了禽流感，现在已经闹得满城风雨了！

趣学故事汇

第10集

什么？媳妇变成了孙猴子

一天，东土大唐的唐僧师徒路过高老庄。高员外听说唐僧的大徒弟孙悟空**所向无敌**[1]，是个降妖除魔的好手，特意请他们到府上做客，请求他们帮助降服抓翠兰的妖怪。当天晚上，悟空变成翠兰的模样，来了个**偷梁换柱**[2]，把真的翠兰救了出去，自己待在屋里，打算和传说中的猪妖过招。

当晚**月黑风高**[3]，猪刚鬣乘着黑风回到员外府。他摸黑走进来，一边叫道："翠兰，翠兰，你在哪儿呢？"悟空学着翠兰的声音说："哥哥，大事不好了。一直以来，我爹都不喜欢你，说你长得丑陋，又总使些吓人的妖法，今天说是请了一位能人来降服你。"

①所向无敌

所向：力量达到的地方；敌：抵挡。力量到达的地方，没有能抗拒的。形容力量强大，谁也不是对手。

近义词：所向披靡

反义词：不堪一击

②偷梁换柱

比喻暗中玩弄手法、进行调包。

近义词：偷天换日

反义词：无

③月黑风高

高：大。没有月亮，风又特别大的夜晚。

近义词：无

反义词：月白风清

④有机可乘

机：机会；乘：趁。有机会可趁，有空子可钻。

近义词：乘虚而入

反义词：无机可乘

猪刚鬣哈哈大笑说：“翠兰别怕，就算是天上的神仙，也不敢拿我怎么样。”悟空说：“要是我爹请了五百年前大闹天宫的齐天大圣来，你也不怕吗？”

猪刚鬣听到这个名号有几分畏惧，说道：“我确实打不过那只臭猴子，不过他远在花果山，我也不怕他。”他的话刚说完，悟空就现出真身，猪刚鬣认得他，慌忙从窗户逃跑了，悟空在后面一路紧追。

猪刚鬣逃到一座山上，那儿有一个云栈洞，他想到那儿避避风头。悟空紧随其后，掏出金箍棒，大声说：“快说你是哪路妖怪，我还能饶你一命。”猪刚鬣手举九齿钉耙说：“我本是天庭的天蓬元帅，手下统领数十万天兵天将。后来擅闯广寒宫、戏弄嫦娥，触犯了天条，这才被贬下凡。哼！弼马温，当年你闯祸不知连累了我们多少人，今天还敢这样嚣张！”

说完两个人打斗起来，从半夜一直打到第二天天亮，猪刚鬣打不过悟空，想伺机而逃，却怎么也找不到机会。他琢磨着要分散泼猴的注意力，自己才**有机可乘**④，于是问道：“是高员外请你来降服我的？”悟空说：“我已经**改恶从善**⑤，跟师父到西天取经路过这里……”猪刚鬣一听，赶紧收了武器，向悟空说明原委，请求和唐僧见面。

见了唐僧，猪刚鬣赶紧跪拜，说：“师父，我受菩萨点化，特来拜你为师，护送你到西天取经。”唐僧笑逐颜开，说：“那我就收你为徒，以后你就叫悟能，法号八戒，再也不能做**伤天害理**⑥的事了。”从此八戒便**改邪归正**⑦，后来唐僧又在流沙河收了一个妖怪做三徒弟，起名悟净，又叫沙僧。此后，三人一起护送唐僧到西天取经。

⑤改恶从善

恶：指坏的行为和犯罪的事情；善：善事。指改正错误，决心从善，重新做好人，做正当的事情。

近义词：改过迁善

反义词：怙恶不悛

⑥伤天害理

伤、害：损害；天：天道；理：伦理。旧指有伤阴德天理。后形容凶狠残忍，丧尽天良。

近义词：丧尽天良

反义词：乐善好施

⑦改邪归正

邪：不正当或错误的行为；归：回到。改正错误，回到正路上来。

近义词：弃暗投明

反义词：顽固不化

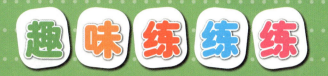

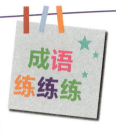

趣味练练练

成语练练练

将下图中的空缺补充完整，让贪吃蛇动起来。

大	是			亲		故
						玄
			势		张	虚
			在			
			必			
水		云				
渠						
成			业			

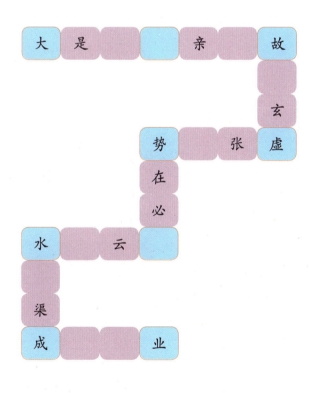

成语接长龙

根据图意，完成成语接龙。

力	不		心			
			满			
				智	多	谋
			定			命
			倾			
			扶			
亡		急				
命						
之						

雪中送炭

这节课进行语文知识小测试，大家把与考试无关的东西都放到讲桌上来。
真是雪中送炭啊！
唉，又要考试。
……
帅帅，你这是在干吗？
您说把与考试无关的东西放到讲桌上来，我就与考试无关啊！
人才啊……

趣学故事汇

第 11 集 师父，你不想娶我想娶

一天，唐僧师徒取经赶路，没走多久，天渐渐黑了。不远处有一片树林，隐隐约约能看见一座豪华的府第，四人便准备到那儿投宿一晚。唐僧敲开门，迎来一个中年妇人，唐僧**彬彬有礼**①地向她说明来意，女主人就带他们到府上休息。

那妇人请他们到客厅坐下，吩咐佣人准备斋饭，**以礼相待**②，顺便和唐僧聊起家常来："我家有**万贯家财**③、良田千顷。只是我丈夫死得早，只有三个女儿和我做伴。我看你们师徒都是正人君子，不如到我们家当上门女婿吧。"

唐僧听得**面红耳赤**④，不敢答应。八戒听说有享不尽的荣华富贵，还能娶到美人，心里十分

①彬彬有礼

彬彬：文雅的样子。形容文雅而有礼貌。

近义词：温文尔雅

反义词：蛮横无理

②以礼相待

用相应的礼节对待。

近义词：无

反义词：无

高兴，他凑到唐僧跟前，小声地说：“师父，你就答应吧。”唐僧生气地瞪了他一眼，训斥了他一番，叫他到一旁面壁思过。妇人又问悟空、八戒，悟空自然是不答应，八戒虽然心里乐意，可害怕

③万贯家财

万贯：古时用绳索穿钱，每一千文就为一贯。万贯极言钱币非常多。指家资富有。

近义词：富甲一方

反义词：一贫如洗

师父责罚，只好假意推辞。

妇人见他们都不肯答应，气呼呼地离开了，连口水也不给他们喝。八戒一见没吃没喝的，顿时就急了，埋怨师父说：“师父，你怎么不骗骗她，等**酒足饭饱**⑤以后再想办法拒绝也不迟啊。”他见唐僧不理睬他，谎说自己要去放马离开了。悟空看出了他的心思，变成一只蜻蜓悄悄跟在他身后。

八戒牵着马闲逛，瞧见那个妇人正和三个女儿在院中赏花。八戒偷眼一看，那三个女儿个个长得**倾国倾城**⑥、美若天仙，不由得**想入非非**⑦起来，满脸赔笑地走了过去。

三个女儿见有陌生人来了，个个都害羞得躲到屋里。八戒见了妇人，毕恭毕敬地鞠了个躬，亲热地喊道：“娘，我愿意当你家的上门女婿。”妇人笑着问：“你师父会答应吗？”八戒说：“他又不是我爹，管不了我的婚姻大事！”

这一切都被悟空看见了，他悄悄回到大厅，现出真身，把刚才的事都告诉了师父。

④面红耳赤

赤：红。脸和耳朵都红了。形容因羞愧、激动、焦急、发热而脸色涨红的样子。

近义词：无

反义词：面不改色

⑤酒足饭饱

形容吃喝尽兴。

近义词：无

反义词：饥肠辘辘

⑥倾国倾城

倾：倾覆。形容女子貌美无比。

近义词：闭月羞花

反义词：其貌不扬

⑦想入非非

非非：佛教用语，指意念进入一般人思维所达不到的玄妙境界。思想进入虚幻的境界。比喻脱离实际，幻想不能实现的事情。也比喻胡思乱想。

近义词：异想天开

反义词：脚踏实地

趣味练练练

成语猜谜语

将下面谜语的答案用线连起来。

龙	一刀两断
一	有目共睹
哑	一往无前
主	充耳不闻
呀	纵横交错
判	有口难言
者	接二连三
泵	挖空心思
扰	唇齿相依
黯	有声有色
田	水落石出
十	半推半就

成语接龙

根据图意，完成下面的成语接龙。

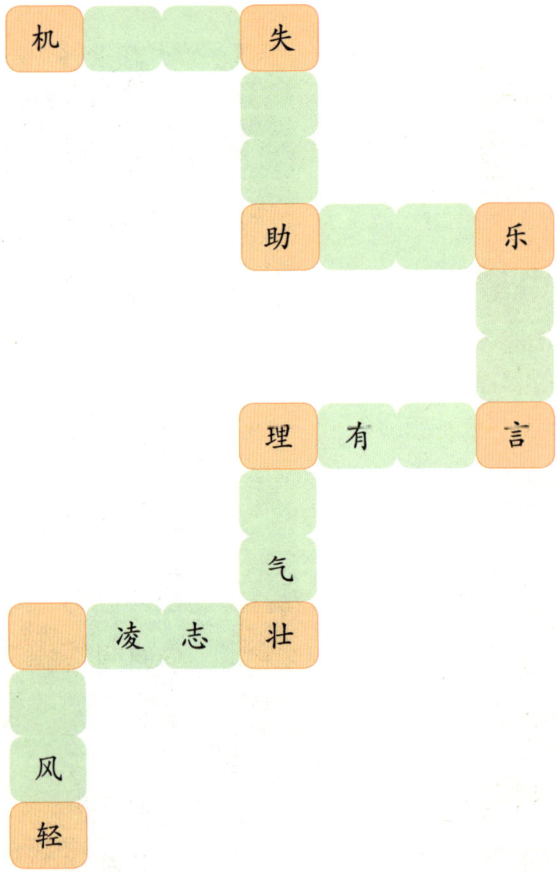

八戒讲笑话

名落孙山

帅帅，你那个节目名落孙山了！
我为什么会名落孙山啊？我表演的可是《天鹅湖》啊！
您知道吗？我要表演的可是一只翩翩起舞的天鹅呢！
是吗？
我是担心台下的人会朝你扔鸡蛋！

趣学故事汇

第 12 集

菩萨，你别戏弄我

不一会儿，八戒牵着马回来了。悟空早就知道了他的心思，故意打趣他说：“到哪儿去放马了？”八戒**含糊其辞**[1]地说道：“这儿的草不好，我到外面去了。”

就在这时，大厅的门突然开了，妇人领着三个漂亮的女儿走了进来。唐僧低头念着经，悟空仰着脖子不看她们，只有八戒**目不转睛**[2]地盯着人家。

三个女儿参拜过后，就到内房去了。妇人问：“你们谁愿意娶我的女儿呀？”唐僧、悟空和沙僧都齐刷刷地看向八戒，八戒还装出一副不情愿的样子，嘴里说着不愿意，可人却跟

①含糊其辞

含糊：不清楚，不明确；辞：言辞。故意把话说得含含糊糊、不清楚。

近义词：藏头露尾

反义词：单刀直入

②目不转睛

睛：眼珠。有时连眼珠都不转动。形容注意力集中。

近义词：目不斜视

反义词：东张西望

③迫不及待

迫：紧急。急迫得不能再等待。形容心情十分急切。

近义词：急不可耐

反义词：从容不迫

着那妇人走了。

到了后院，八戒笑嘻嘻地说：“娘，什么时候拜天地呀？”那妇人拿来一块红盖头盖在八戒的头上，笑着说：“一会儿我让三个女儿绕着你走，你抓住哪个，哪个就给你做媳妇。”八戒早就**迫不及待**[3]了，立马和三个姑娘玩起游戏来。

三个女儿一会儿在这边，一会儿在那边，八戒跑得晕头转向，抓了好半天，也没抓到，最后累得**气喘吁吁**[4]地坐在地上，一把扯下头上的盖

头，贪心地说：“娘，我一个都没抓住，干脆你直接把她们三个都嫁给我得了。”

那妇人不同意，又从屋里拿出三件缀满珍珠的汗衫，说：“我的女儿每人织了一件汗衫，你能穿上哪件，哪个女儿就嫁给你。”八戒一听，三下五除二就脱了上衣，把珍珠汗衫套在了身上。只是眨眼工夫，那汗衫就变成几根绳子，把八戒捆得不能动弹。

而在大厅的唐僧、悟空和沙僧早已**昏昏欲睡**⑤，他们吃过斋饭就睡下了。第二天清晨，唐僧从睡梦中醒来，睁眼一瞧，被眼前的场景吓了一跳。昨天**富丽堂皇**⑥的府第早已消失不见，他们就睡在野地里。

唐僧慌忙叫醒两个徒弟，这时耳边传来八戒的哭喊声：“师父，救救我，救救我啊！”唐僧三人闻声而来，只见八戒被结结实实地捆作一团，吊在树枝上。八戒哭着说：“师父，我错了，我不该**见异思迁**⑦。昨天的妇人和姑娘都是菩萨变的，师父快放我下去吧。”

唐僧见八戒真心悔改，就饶恕了他。师徒四人对着天空谢过菩萨，高高兴兴地去西天取经了。

④气喘吁吁

吁吁：喘气的声音。呼吸急促的样子。形容非常劳累。

近义词：气喘如牛

反义词：无

⑤昏昏欲睡

指昏昏沉沉，非常困倦，极想睡觉。形容精神不振，非常疲倦。

近义词：委靡不振

反义词：神清气爽

⑥富丽堂皇

富丽：华丽；堂皇：盛大，雄伟。多形容建筑物宏伟华丽或场面盛大、豪华。也形容文章辞藻华丽。

近义词：金碧辉煌

反义词：无

⑦见异思迁

迁：变动。看到别的事物就想改变原来的注意。指主意不坚定，喜爱不专。

近义词：三心二意

反义词：一心一意

趣味练练练

成语猜灯谜

根据题面的提示猜出谜底。

题面	谜底
待到秋来九月八	
广播新节目	
单身户；闯王府	
单线联系	
当天到陕甘宁	
淡淡青山，盈盈秋水	

成语接长龙

根据图意，完成下面的成语接龙。

风		浪		山		水	泄		
									达
无									旦
大									夕
									之
尽									
									不
尽									
水									
			公			智		光	扬

八戒讲笑话

水中捞月

“水中捞月”的故事教导我们，不要去做不可能实现的事情。
老师，我造了一个句子，您看对不对。
李老师希望自己变得年轻，这就是水中捞月。对吗？
赞！
你不说话没人把你当哑巴！

趣学故事汇

第13集

师父被妖怪抓走了

话说悟空因三打白骨精，被唐僧误会赶走，回了花果山，八戒和沙僧继续保护唐僧去西天取经。一天，他们经过一片黑松林，唐僧肚子咕噜噜直响，就让八戒去化些斋饭。八戒走了半天，也瞅不见一户人家，累得气喘吁吁，他心里想：我在这儿歇一会儿，再去化斋吧。谁想到，他竟睡着了。

唐僧等了半天，也不见八戒回来，就让沙僧去找他，自己一个人坐在松林里，时间一长，他觉得又累又困，就到林子里走走，岂料，唐僧误闯进波月洞，被那儿的妖怪抓了起来。

八戒正在草丛上呼呼大睡，呼噜声**震耳欲聋**①。

①震耳欲聋

震：震动。把耳朵震得快要聋了。形容声音极大。

近义词：无

反义词：无

②旗鼓相当

旗鼓：古代作战时用来发号施令的旌旗和战鼓。原指两军对敌，后比喻双方势均力敌。

近义词：势均力敌

反义词：众寡悬殊

③义愤填膺

义愤：被不合理或不公正的行为所激起的愤怒；膺：胸。胸中充满了由正义而激起的愤怒。

近义词：愤愤不平

反义词：无

沙僧听见树林里有人打呼噜，就跑过去瞧，发现竟是八戒。两人回到松林里时，发现师父不知所踪，八戒猜测这山上有妖怪，就赶紧去找唐僧，不一会儿，就找到了波月洞。他救人心切，举着钉耙就去砸洞门。

波月洞的妖怪名唤黄袍老怪，妖术高强，和八戒、沙僧**旗鼓相当**②。黄袍老怪的妻子百花羞，

是宝象国的三公主，她知道唐僧是个好人，就悄悄放走了他，希望他能给父亲带一封书信。

唐僧得救后，和八戒、沙僧连夜赶路，来到了宝象国。第二天，唐僧师徒去见宝象国国王，并把百花羞的书信献上。国王看完信泪流不止，他哭着求唐僧救出自己的女儿。八戒听了**义愤填膺**[3]，一口答应国王的请求，和沙僧再去波月洞，找黄袍老怪算账。

八戒一耙就把洞门打出一个大洞，黄袍老怪听说有人闹事，拿着大刀冲出来，得知八戒是来营救公主的，心里更加气恼，就和八戒打了起来。渐渐地，八戒有些体力不支，眼看要败给那老妖怪，就想出招来，借口说："妖怪，老猪要去撒尿，回来再收拾你！"趁妖怪分神，八戒赶紧溜走了。

沙僧**力不从心**[4]，斗不过黄袍老怪，还被他抓去了。黄袍老怪得知是唐僧**通风报信**[5]，咬牙切齿地说和他**誓不两立**[6]。他变成猎户去拜见宝象国国王，说自己和公主成了亲，还把唐僧变成一只大老虎，诬陷他是只老虎精。国王**信以为真**[7]，下令把唐僧关押起来，好好款待驸马爷。

④力不从心

从：依从。内心想做某事，但力量达不到或无力去做。

近义词：力不能支

反义词：轻而易举

⑤通风报信

风：风声，消息。暗中传递消息。

近义词：无

反义词：无

⑥誓不两立

两立：双方并立。敌对的双方不能同时存在下去。形容双方仇恨深，矛盾大。

近义词：不共戴天

反义词：并行不悖

⑦信以为真

相信是真的。指把假的当作真的相信了。

近义词：深信不疑

反义词：无

趣味练练练

选词填空

从下方几个成语中选出最合适的词填入对应的句子里，使原本残缺的句子变得完整起来。你可以做到吗？

★ 他学习钢琴就是________，嘴上说喜欢，其实讨厌得要命。

★ 我们应该保持________，才能在事业上取得成绩。

★ 这幅字写得________，出色惊人。

★ 这地方________，大家还是小心为上。

★ 别看他们人数众多，可惜________，不足为惧的。

★ 这个人善于________，所以仕途上总是非常顺利。

★ 一到节假日，广场上就会变得________。

龙飞凤舞　叶公好龙　龙马精神　攀龙附凤
鱼龙混杂　群龙无首　马如游龙

成语接长龙

根据图意，完成下面的成语接龙。

做	贼			张					
						如	破	竹	
								月	水
								花	
			常	之			不	语	

八戒讲笑话

秋后算账

看！我自己缝制的小熊。
哇，好可爱啊！归我了，归我了！
不行啊，这个不能送给你的。
小气鬼，小气鬼！
那是我用旧袜子缝的！
等我吐完再跟你秋后算账！

趣学故事汇

第14集

老猪智请孙悟空

唐僧是老虎精的事被传得**沸沸扬扬**[1]，白龙马听说师父落难了，赶紧找到八戒和他商量。八戒感叹说：“师父和沙师弟都被妖怪抓走了，我没什么本事，打不过那黄袍老怪，不如咱俩就此**分道扬镳**[2]，你回你的龙宫，我回我的高老庄。”

白龙马连忙劝道：“二师兄，你虽然打不过黄袍老怪，可猴哥打得过，你去花果山请他搭救师父吧。”八戒听了噌的一声从地上站了起来，**不知所措**[3]地说：“猴哥被师父赶走，也有我的责任，我怕他一棒子打死我。”白龙马一再劝说，八戒拗不过，才驾云去花果山请悟空。

八戒刚到花果山，就被一群小猴子重重包围，

①沸沸扬扬

沸沸：开水沸腾的样子；扬扬：扬起、升腾的样子。像沸腾的水那样翻滚升腾。形容人声喧嚣，议论纷纷。

近义词：七嘴八舌

反义词：鸦雀无声

②分道扬镳

道：路；镳：马嚼子。分开道路，驱马前进。指分路而行。比喻志趣、目标不同，各走各的。

近义词：各奔前程

反义词：并驾齐驱

③不知所措

措：安置，处理。不知道该怎么办。形容受窘或发慌。

近义词：手足无措

反义词：从容自若

小猴子以为他是坏人，就跳到他身上挠他的痒，揪他的耳朵，八戒浑身痒得要命，却轰不走这些小猴，连忙叫道："猴哥，猴哥，你出来啊！"悟空想戏弄戏弄他，故意装出一副不认识他的样子，还拿金箍棒吓唬他。

八戒以为悟空真要打他，吓得哭了起来。悟空哈哈大笑说："呆子，我是逗你的，你怎么有空到我这儿来？"八戒**破涕为笑**④，一边抹着眼泪，

一边说："还不是师父想你了，猴哥，跟我回去看看师父吧。"

悟空是被唐僧赶走的，怎么会轻易回去？八戒好说歹说，悟空还是**固执己见**[5]，不肯回去。八戒琢磨着这么劝不是个法子，决定用用激将法。他对悟空说："猴哥，我们到了宝象国，听说那儿的公主被黄袍老怪抓走了，我也是好心，就和沙师弟去救人。谁知道那老妖怪神通广大，我不是他的对手，沙师弟也被他抓走了。"

八戒瞧悟空有些动容了，看出他心里还挂念师父他们，继续说："黄袍老怪把师父变成了老虎，我救不了师父，这才来请你帮忙啊。"悟空记挂师父，可想起当日被师父驱赶的情景，不由**黯然神伤**[6]，还是不肯跟八戒回去。

八戒**急中生智**[7]，紧紧握住悟空的手，劝道："猴哥，一日为师，终身为父。你怎么能这么不顾师徒情分呢？"悟空被八戒说动了，最终脱下猴王的衣服，和八戒前往宝象国，一起救出了师父和沙僧，打败了黄袍老怪，百花羞也因此获得了自由。

就这样，在八戒的努力下，师徒四人又相聚了，重新踏上了取经之路。

④破涕为笑

涕：眼泪。停止哭泣，露出笑容。指转悲为喜。

近义词：转悲为喜

反义词：乐极生悲

⑤固执己见

顽固地坚持自己的意见。

近义词：一意孤行

反义词：从善如流

⑥黯然神伤

黯然：心情沮丧的样子。形容情绪低沉，内心忧伤。

近义词：黯然销魂

反义词：心花怒放

⑦急中生智

智：智谋。在紧急时忽然想出了好办法。

近义词：情急智生

反义词：束手无策

趣味练练练

选填反义词

下面磁铁的北极都有一个成语，请再选一个成语放在南极，使两个成语成为反义词。

理屈词穷　欲言又止　事倍功半　心口如一　远见卓识
惊慌失措　神采奕奕　笨嘴拙舌　救死扶伤　忐忑不安

N	从容不迫		S
N	没精打采		S
N	口若悬河		S
N	见死不救		S
N	鼠目寸光		S
N	理直气壮		S
N	畅所欲言		S
N	事半功倍		S
N	口是心非		S
N	心平气和		S

成语填空题

将下图的成语补充完整。

号	多		关	己		方
啕	智	财			面	
大		害	事	不		已
	手		公		道	乱
笑	同	在		罢	三	七
不		旦	例			
	留		为	能	途	糟
心	下	阳				
应			下	会	道	之
						妻

八戒讲笑话

无忧无虑

这节作文课的题目是：我熟悉的人。
王阿姨有3个孩子，他们生活得无忧无虑。
帅帅，你写的太少了，再写多点。
次日
办公室
王阿姨有
30个孩子，
他们生活
……

趣学故事汇

第15集 我是一只“吃货”猪

这天，唐僧一行人路过一座高山，山上都是沙土和石头，连个乘凉的地方都没有；山下也是一片荒芜，没有一户人家。这时候，大家又饥又渴，希望有个地方歇歇脚，远远瞧见山下有一座古庙，大家便又坚持走了几里路。一路上，八戒口干舌燥，只能想想吃的喝的，也好**望梅止渴**[①]。

到了古庙，悟空打算去找些果子当饭吃。八戒一听是找吃的，赶紧和悟空一起去了。八戒想着：猴哥是找食物的行家，跟着他还能早点吃上饭，我真是**绝顶聪明**[②]。就这样，八戒跟着悟空走出了破庙。

烈日中天，八戒被晒得难受，心里琢磨着：

①望梅止渴

口渴时想到就可吃到梅子，流出口水，就不渴了。比喻用空想来安慰自己或别人。

近义词：画饼充饥

反义词：无

②绝顶聪明

绝顶：极端。形容极其聪明，无与伦比。

近义词：冰雪聪明

反义词：愚不可及

再走下去，老猪就成烤乳猪了。正巧，他看见路边有一棵白杨树，想着自己要是能在树荫下歇一会儿，那就太幸福了，可悟空怎么会同意他偷懒呢？于是，八戒耍起了小聪明，他捂着肚子，“哎哟哎哟”地叫着。悟空忙问：“八戒，你这是怎么了？”

八戒捂着肚子说：“猴哥，我肚子疼，走不了了，你自己去找果子吧。”悟空看出八戒的小心思，也没戳穿他，就答应让他留在原地休息，自己一

个筋斗翻上了天空。见悟空飞走了，八戒就跑到大树下躺着。一阵清风吹来，十分凉爽。

忽然，八戒瞧见树底下有片绿油油的东西，他连忙走过去，一看，原来是个大西瓜。八戒**惊喜若狂**[3]，抹着口水说："哈哈，真是**天从人愿**[4]，平白捡了这么一个大西瓜，真是幸运。"

说着，八戒把西瓜抱到树荫下，用刀分成了四块，笑着说："师父和沙师弟还渴着呢，我切成四块，剩下的留给师父、猴哥和沙师弟。"八戒吧唧吧唧嘴，一口就把自己那份西瓜吃了个干净。八戒笑嘻嘻地说："猴哥一个跟头十万八千里，这会儿早就到南海了，那里什么果子都有，我就不给他留了。"说着就**狼吞虎咽**[5]地吃了悟空那份。这时候，他还觉得不解馋，**望眼欲穿**[6]地盼着悟空早点回来，嘴里嘀咕着："猴哥怎么还不来，这西瓜太甜了，我实在忍不住，这可怎么办？"殊不知，悟空就躲在他背后看着呢。

③惊喜若狂

又惊又喜，像发了狂似的。形容惊喜到了极点。

近义词：欣喜若狂

反义词：悲痛欲绝

④天从人愿

从：顺从；愿：心愿。指上天顺从人的心愿，事情合乎人的意愿。

近义词：无

反义词：事与愿违

⑤狼吞虎咽

像狼和虎那样吞咽东西。形容吃东西又急又猛的样子。

近义词：无

反义词：细嚼慢咽

⑥望眼欲穿

把眼睛都快望穿了。形容盼望的急切。

近义词：望穿秋水

反义词：无

趣味练练练

成语猜灯谜

根据题面的提示猜出谜底。

土地爷离开土地庙	
阳春白雪伴楚王	
日照清波飞白鹭	
装饰天王府	

成语接长龙

根据图意，完成下面的成语接龙。

	辕		辙						
					靡	坚	不		
									拉
			车	舟				木	朽
								不	
		移	花		木				
		星							
								画	
		斗			才		梁	栋	

将计就计

帅帅，你的作业呢？
今天太倒霉了，我书包里的作业在公共汽车上被小偷偷走了。
你以后在公共场合可得要小心啊！
小偷偷作业？
一定，一定！
小偷真可恨！明天我将计就计，什么作业都不带，看他偷什么！
……

趣学故事汇

第16集 不好，偷吃被猴哥发现了

原来悟空早就从南海摘了果子回来了，他回来的时候正好看见八戒躲在树下吃西瓜，嘴里还念叨着什么，所以躲在一旁偷听。八戒馋得直流口水，忍不住又端起一块儿西瓜，嘴里嘟囔着：“这西瓜太甜了，我是越吃越想吃，要不我把沙师弟的吃了吧，给师父留一块。”这样想着，八戒又吃了一块西瓜。

悟空看在眼里，心里笑八戒太贪吃，不过想到他还惦记师父，就没去说他。这时，八戒的馋病又犯了，端起师父的那块放在嘴边，嘟囔着：“师父，我实在太渴了，你就让我吃了吧，就剩一块了，我拿回去也不好看，索性就让老猪替你吃了吧。”

①若无其事

像没有那回事一样。形容遇事沉着镇定。也形容不把事放心上或漠不关心。

近义词：泰然自若

反义词：煞有介事

②叫苦连天

大声连连叫苦。形容十分烦恼。

近义词：叫苦不迭

反义词：乐不可支

③故伎重演

伎：伎俩，花招。老花招又使用一次。

近义词：无

反义词：无

④人仰马翻

人马都被打得仰翻在地。形容激战后伤亡惨重，狼狈不堪。也比喻乱得一塌糊涂，不可收拾。

近义词：落花流水

反义词：大获全胜

说着，又一块西瓜下肚了，八戒的肚皮被撑得像个皮球。

突然，空中传来一声“八戒”，八戒知道是悟空回来了，连忙把瓜皮扔得远远的。悟空装出一副**若无其事**①的样子，问他：“你这半天在干吗？”八戒舔舔嘴唇说：“我睡了一觉，现在肚子不疼了。”悟空笑着说：“我刚摘了些果子，可你肚子疼，也不敢给你吃了。”八戒刚吃了一个大西瓜，肚子正撑，连忙说：“那快拿给师父和沙师弟吃吧，我也不饿。”

说着，两人一前一后回去了。走在路上的时候，悟空使了个法术，把八戒扔的瓜皮变到他脚下，八戒踩在瓜皮上，一下摔了个大马趴。悟空

赶紧扶他起来，问他怎么这么不小心。八戒一看是自己扔的西瓜皮，心里是**叫苦连天**[②]。悟空又说：“这一跤就算给师父磕头了。”

走了十几步，悟空**故伎重演**[③]，八戒又摔了个**人仰马翻**[④]。悟空笑着说：“这一跤就算给沙师弟磕头了。”八戒低头一看，还是自己扔的那块西瓜皮，心里琢磨着：坏了，肯定是猴哥发现我偷吃西瓜，这才拿瓜皮戏弄我，一会儿我要留神啊。

八戒一边走路，一边低头看着，生怕踩到西瓜皮。可悟空偏偏跟他闲谈起来，聊起南海的果子。一听到吃，八戒把什么都抛到**九霄云外**[⑤]了，顾不上看路，又踩到一块西瓜皮上。这回悟空笑着说：“呆子，好好的怎么给我行礼啊？”八戒是**有口难言**[⑥]，只好爬起来继续赶路。眼瞅着就要到古庙了，八戒又踩到一块瓜皮上，跌跌撞撞地来到师父跟前。

唐僧和沙僧大吃一惊，见八戒摔得**惨不忍睹**[⑦]，连忙问是怎么回事。八戒早就**心中有数**[⑧]，一屁股坐在地上，说：“别提了，都怪我贪吃，一个人吃了一个大西瓜。可这孙猴子倒好，一路上请我吃了四块西瓜皮！”大家听了都笑得**前仰后合**[⑨]。

⑤九霄云外

九霄：天空的极高处。九重天外面。比喻极远的地方。

近义词：无

反义词：近在咫尺

⑥有口难言

因某种原因，心里的话不能对别人说。

近义词：无

反义词：无

⑦惨不忍睹

睹：看。悲惨得令人不忍心看下去。

近义词：目不忍睹

反义词：赏心悦目

⑧心中有数

对情况和问题有基本的了解，处理问题有一定把握。

近义词：胸有成竹

反义词：一无所知

⑨前仰后合

身体前后晃动，站不住，坐不稳的样子。多形容大笑时的样子。

近义词：无

反义词：无

趣味练练练

成语猜灯谜

根据题面的提示猜出谜底。

题面	谜底
唐僧的肚皮	
蚂蚁缘槐夸大国	
桃子破肚	
剃头的头发长，修脚的脚生疮	
广寒宫	
讨饭的打摆子	

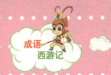

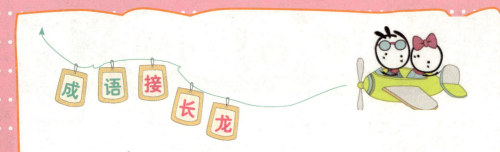

成语接长龙

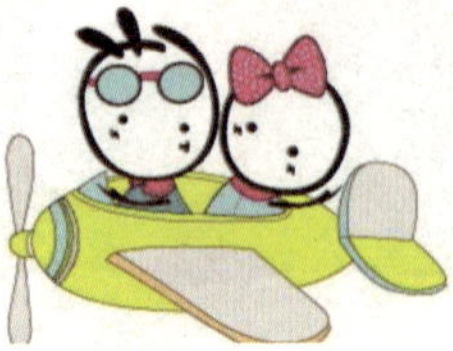

根据图意，完成下面的成语接龙。

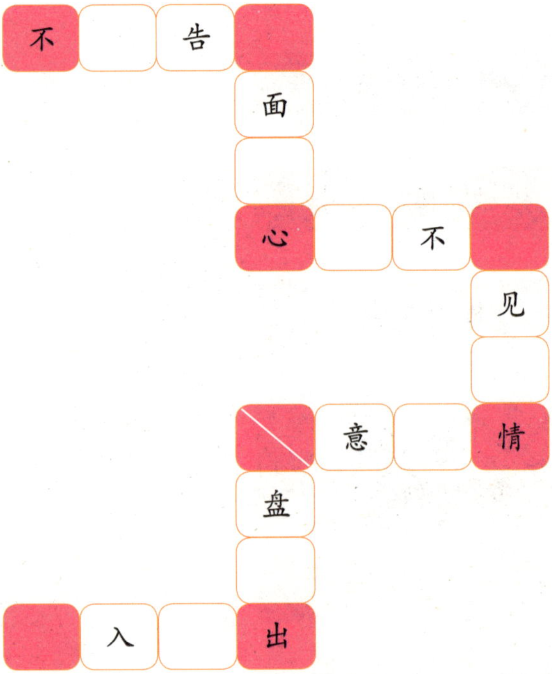

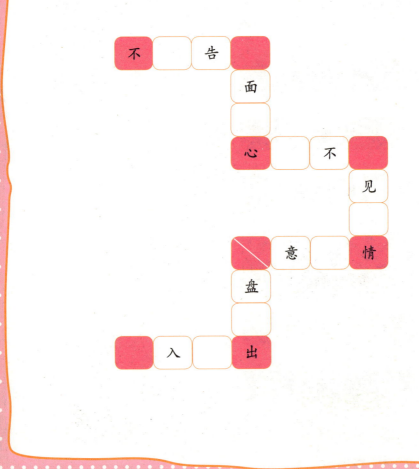

八戒讲笑话

家喻户晓

你知道老子是谁吗？
你知道老子是谁吗？
我管你是谁！拽什么拽？
干吗打人呀？李老师说，老子是家喻户晓的人物，随便问一个路人都知道。

趣学故事汇

第17集

别小看我，老猪也有本事

唐僧师徒**夜以继日**[①]地赶路，这天**日薄西山**[②]，师徒四人刚好来到陀罗庄，想在这儿借宿一晚。庄上的李老汉得知他们要去西天取经，叹口气说：“别说是去西天，就眼前的这座七绝山，有八百多里的烂柿子淤泥，你们过不去，还是请回吧。”

悟空在唐僧身后探出脑袋问道：“山上怎么会有淤泥？”李老汉这才注意到唐僧身后的三个和尚，只见他们个个丑陋，吓得倒退几步就要关门。悟空赶紧赔笑说：“老汉别怕，我们是取经的和尚，虽然长得丑，却有降妖除魔的本事。”

李老汉一听，赶紧请他们到庄上做客，还准备盛宴款待。八戒觉得李老汉有事相求，就说：

①夜以继日

以：拿，用；继：继续。用夜晚的时间接上白天。形容日夜不停地做某事。

近义词：通宵达旦

反义词：无

②日薄西山

薄：迫近。太阳快要落山。比喻人衰老临近死亡或事物腐朽即将灭亡。

近义词：夕阳西下

反义词：旭日东升

③拐弯抹角

抹角：挨墙角绕过。沿着弯弯曲曲的路走。比喻说话、写文章绕弯子，不直截了当。

近义词：旁敲侧击

反义词：直截了当

④面无人色

脸上没有血色。形容极度恐惧。也形容身体极为虚弱的样子。

近义词：面如土色

反义词：面不改色

“老汉，你是不是有事要求我们？”李老汉也不**拐弯抹角**③，将事情的原委细细说了一遍。

原来七绝山上有很多柿子树，长年累月没人去摘，烂柿子就把七绝山变成了一条淤泥河。不久前，山上来了一条蟒蛇精，他施妖法刮起漫天黄沙，偷吃了庄里的许多牛马，吓得大家不敢出门。没法子，大家只好去南山请和尚降妖，可那妖怪本领高强，和尚也被他一口吃掉了。大家害怕妖怪再兴风作浪，也没人敢请高人降妖了。

听完李老汉的讲述，八戒和悟空决定到七绝山上降妖。就在这时，突然狂风大作，吓得李老汉一家**面无人色**④，原来是妖怪来捣乱了。悟空

和八戒相继跳到空中，问道："你是哪路妖怪，敢在这儿兴风作浪？"

悟空和那妖怪较量起来，半天也没分出个胜负。八戒瞧着妖怪法力高强，心里琢磨：我要是和他硬碰硬，不一定能打败他，一会儿等猴哥和他动手的时候，我去他身后偷袭吧。八戒找到时机，驾云想要偷袭，可那妖怪好像后背长眼一般，灵敏地躲过了八戒的攻击。他们和妖怪从天黑斗到天亮，后来那妖怪抵挡不住，就想逃到七绝山去。悟空和八戒紧随其后，打了他一个**措手不及**[5]，两人合力制服了妖怪。

铲除了蛇妖，悟空和八戒获得了全村人的感激，村民大摆酒宴七天欢送唐僧师徒。这天，唐僧四人在李老汉的带领下，来到七绝山的山沟，只见这沟被烂柿子填满，根本过不了人。就在大家犯愁的时候，八戒站了出来，他笑着说："这点柿子算什么，让你们看看我的本事。"

说完，八戒把衣服一脱，变成一头大猪，两个蹄子比人还高，像座山似的，大伙见了都忍不住**交口称赞**[6]。不一会儿，七绝山的烂柿子沟就被拱开一条大路。陀罗庄的乡亲们对八戒感激不已，一直把唐僧师徒送到柿子沟外，才和他们**依依不舍**[7]地告别。

⑤措手不及

措手：处理，应付。因没有准备，来不及应付。

近义词：猝不及防

反义词：有备无患

⑥交口称赞

众人齐声赞美。

近义词：有口皆碑

反义词：无

⑦依依不舍

形容非常留恋，舍不得离开。

近义词：依依惜别

反义词：拂袖而去

趣味练练

神龙摆尾

将下面的成语补充完整，完成接龙方阵。

点		成		鸡	独				
						足	之	地	
									天
								治	
								久	
		愧						安	
		心						乐	
		问		学	勤		精		

成语游戏

在下图方格中填写适当的词语，完成接龙游戏。

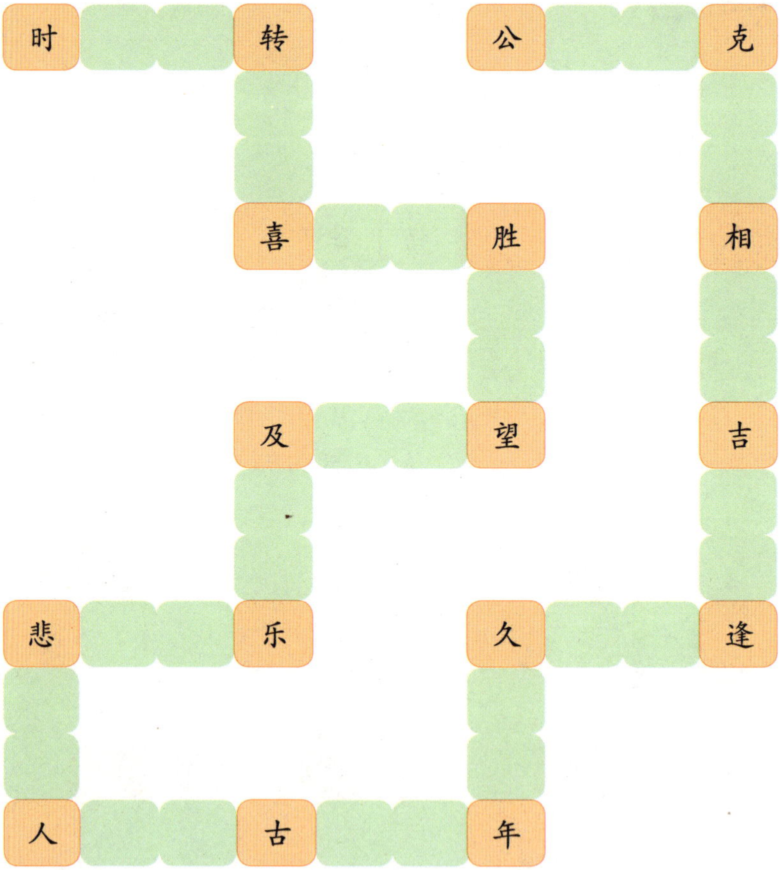

八戒讲笑话

笑逐颜开

有的成语是互为反义词，比如愁眉不展和笑逐颜开。
谁能用这两个成语来造一个句子？
我来！每个月发工资后，爸爸总是愁眉不展地把钱交给妈妈，妈妈就笑逐颜开地数钱。
就你小子话多！

趣学故事汇

第18集

火焰山可真热啊

话说唐僧师徒一路**排除万难**[1]，穿州过府，又过了几个月，已经到了深秋时节。这天，他们来到一片茫茫的戈壁滩上，头顶烈日，脚下踩着滚烫的沙漠。大伙**挥汗成雨**[2]，热得连话都说不出来。又走了几里路，他们看见一户人家，悟空赶到这户人家，问当家的老爷爷："这是什么地方，怎么这么热啊？"

老爷爷说："这是斯哈哩国，你们这是打哪儿来，到哪儿去呀？"唐僧把取经的事情告诉老爷爷，谁知老爷爷说："你们是到不了西天了。离这六十里的地方有座火焰山，那里四季如夏，周围**寸草不生**[3]，谁要是到那儿去，就

①排除万难

排：克服。扫除重重障碍，克服种种困难。

近义词：披荆斩棘

反义词：知难而退

②挥汗成雨

挥：抹。抹下的汗就像下雨一样。原形容人多。后也形容出汗多。

近义词：汗流浃背

反义词：无

③寸草不生

连根小草也不生长。形容土地贫瘠荒凉。

近义词：不毛之地

反义词：郁郁葱葱

是铜打的脑袋、铁打的身体，也会被烤化的。”唐僧听得**如坐针毡**④，一时间不知道该怎么办。老爷爷又说：“你们要想过火焰山也有办法。离这儿一千里有座翠云山，山上有个芭蕉洞，洞里住着铁扇公主。她有一把**独一无二**⑤的宝扇，叫芭蕉扇，只要轻轻一扇，就能灭火，扇两下

生风，扇三下降雨。我们这儿的人家，每年都要备好酒肉去拜见她，求她用宝扇降雨。”悟空听了，立即驾云去找铁扇公主借扇子了。

老爷爷见唐僧师徒不是凡人，连忙请他们到家中做客，给他们准备斋饭。八戒身材肥胖，更忍受不了炎热。尤其这是地烫、椅子也烫，他待在哪儿都能热出一身汗来。转眼一上午过去了，悟空还没回来。八戒汗如雨下，一边拿手给自己扇风，一边哼哼说：“猴哥只是去借把扇子，怎么这么半天都没回来？他再不回来，老猪就真被烤熟了。”

正说着悟空踏着筋斗云，背着一把大扇子回来了。八戒见悟空回来了，赶紧叫他去灭火，谁知火非但没灭，反而更加大了。悟空**怒不可遏**[6]，生气地说：“该死，铁扇公主借我的是假扇子！”八戒垂头丧气地往地上一坐，谁知地更烫了，他哎哟一声尖叫着起来，说：“猴哥，你去找她的丈夫牛魔王借扇子吧，这火再不灭，老猪就真的熟了。”说完，悟空又驾云离开了，八戒摸着屁股，一直**唉声叹气**[7]。

④如坐针毡

像坐在插了针的毡子上。形容心神不宁，坐立不安。

近义词：芒刺在背

反义词：泰然自若

⑤独一无二

只有一个，没有第二个。形容唯一的，没有与之相同的或可以与之相比的。

近义词：举世无双

反义词：无独有偶

⑥怒不可遏

遏：止。愤怒得无法抑制。

近义词：怒火中烧

反义词：喜不自胜

⑦唉声叹气

因伤心、愁闷或痛苦而发出叹息的声音。

近义词：长吁短叹

反义词：喜笑颜开

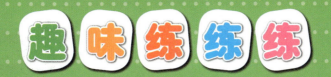

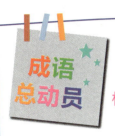

趣味练练练

成语总动员

根据图意，完成成语接龙游戏。

为	民			群	之	
						到
						成
玄						成
故						退
亲						三
	谁		谁	其		舍

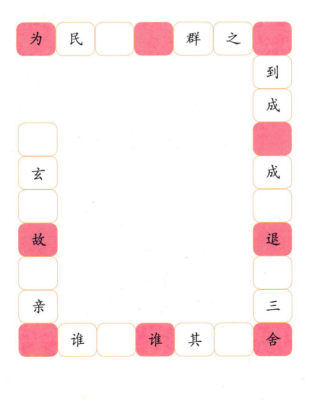

判断近义词

判断下面的成语是否为近义词，并将判断结果填写在后面的方框中。

画蛇添足	多此一举	
百发百中	弹无虚发	
名垂后世	流芳千古	
爱财如命	挥金如土	
异口同声	众说纷纭	
爱不释手	弃若敝屣	
半途而废	坚持不懈	
一丝不苟	粗枝大叶	

八戒讲笑话

走马观花

今天的家庭作业是造句，大家充分发挥自己的想象力吧！
走马观花？是什么意思？
有了！我的一位朋友能用走马观花来造句。
老师批语：那么，请问你自己能吗？

趣学故事汇

第19集 打牛魔王也有我的份

悟空找牛魔王借宝扇，牛魔王也不肯借，无奈之下悟空变成牛魔王的模样，从铁扇公主那儿把扇子骗了出来。牛魔王回到芭蕉洞，铁扇公主把被骗的事告诉了他，牛魔王**怒气冲天**①，匆忙追上悟空，想要夺回宝扇。

牛魔王变成八戒的模样，从悟空身后跑来，叫喊着：“猴哥，等等我。我来帮你拿扇子。”悟空以为是八戒，就把芭蕉扇给了他，牛魔王拿到扇子，立马现出真身逃跑了。悟空正**气急败坏**②，真的八戒赶来了，悟空以为又是牛魔王在戏弄他，上来就要动手，八戒赶紧说：“猴哥，你这是干吗？”

①怒气冲天

愤怒的情绪极为高涨，如往天上直冲。

近义词：怒发冲冠

反义词：欣喜若狂

②气急败坏

上气不接下气，狼狈不堪的样子。形容十分慌张或羞恼。

近义词：恼羞成怒

反义词：心平气和

③地动山摇

地被震动，山也摇摆。形容声势浩大。

近义词：山崩地裂

反义词：无声无息

悟空认出是真八戒，说：“刚才牛魔王变成你的模样，又把宝扇夺回去了。”八戒听了气呼呼地说：“这该死的牛魔王，走，咱俩找他算账去。”

八戒和悟空来到芭蕉洞，八戒指着洞门问：“就是这儿吗？”悟空说：“正是。”八戒两手一伸，凭空变出九齿钉耙，笑着说：“猴哥，你

就瞧好吧。”说完，八戒就把芭蕉洞洞门砸了一个大窟窿。牛魔王突然感到**地动山摇**③，又听见悟空、八戒在门口大骂，**恼羞成怒**④，提起大刀气呼呼地冲出来，骂道：“该死的泼猴和臭猪，你们不要**欺人太甚**⑤！”

八戒说：“你这遭瘟的老牛，快把芭蕉扇交出来！”牛魔王哪里肯交，拿起大刀冲出来就要打。八戒手握钉耙挡住牛魔王，说：“让老猪来会会你！”牛魔王**锐不可当**⑥，没几个回合，八戒就落在下风，被一脚踹倒在地。悟空见了也冲上来打，八戒赶紧爬起来，继续和牛魔王对抗。

牛魔王打得**筋疲力尽**⑦，干脆现出真身，变成一头大黑牛，喷着粗气冲了过来。八戒也是个机灵鬼，冲着悟空喊道：“猴哥，快变块红布！”牛魔王见了红布便忍不住想撞上去，被八戒、悟空耍得晕头转向。

就在这时，哪吒三太子听说了这件事，特地前来助阵，帮助二人制服牛魔王，最终借出芭蕉扇。回到火焰山，悟空用力扇了四十九下，终于平息了火焰山的大火。八戒乐开了花，哼哼着说：“嘿，这下老猪不用担心会变成烤乳猪了。”师徒四人重新踏上了取经之路。

④恼羞成怒

由于恼恨、羞愧而发怒。

近义词：气急败坏

反义词：喜形于色

⑤欺人太甚

甚：过分。欺负人太过分，令人不能容忍。

近义词：无

反义词：无

⑥锐不可当

锐：锐利，锐气；当：抵挡。形容势头锋利，不可抵挡。

近义词：势不可当

反义词：一触即溃

⑦筋疲力尽

筋：筋骨；尽：完。形容非常疲劳，力气已经用尽。

近义词：心力交瘁

反义词：精神抖擞

趣味练练练

成语猜一猜

根据诗句猜成语。

小荷才露尖尖角	
此时无声胜有声	
卷我屋上三重茅	
轻舟已过万重山	
此曲只应天上有	
花谢花飞飞满天	
朱门酒肉臭，路有冻死骨	
大漠孤烟直，长河落日圆	
野火烧不尽，春风吹又生	
知之为知之，不知为不知	

成语接龙游戏

根据图意补全成语。

奄	奄				宁				
					人	山		海	底
								黑	
								风	
								自	
								大	

数一数二

你如果想让数学成绩在班里数一数二，就应该多做题。
老师，这道题我已经做6遍了。
好极了。以后都要这么做啊！
包老师，您看我这6个答案哪个是正确的啊？
啊？！

趣学故事汇

第20集 和猴哥一起逛龙宫

一天，唐僧师徒来到祭赛国，听说这儿有龙王作乱，偷了国王的宝物，弄得**人心惶惶**①，不得安宁。悟空和八戒受众人委托，来到碧波潭，捉了两个小水妖给龙王传话，让他交出祭赛国的宝物。

> **①人心惶惶**
> 惶惶：惊恐不安的样子。形容人们心中惊惶不安。
> 近义词：人人自危
> 反义词：安之若素

碧波潭住着两个妖怪，一个是九颗头的水妖，一个是老龙王。九头水妖狂妄自大，不肯交出宝物，拿着兵器出水应战。悟空、八戒和他打斗好半天也没能降服他。那水妖本领高强，悟空又不熟识水性，几个回合也拿不下他。就在这时，水妖趁八戒没防备，抢了他的兵器，还把他拖下水关押起来。

> **②大显身手**
> 身手：指本领。指在一定的时间和场合充分显露自己的本领。
> 近义词：大显神通
> 反义词：无能为力

八戒虽然熟识水性，可手脚都被捆住了，没法施展拳脚。就在这时，水里出现一只螃蟹，八戒觉得这螃蟹有些奇怪，仔细一看原来是悟空。悟空救出八戒，对他说："我水性不好，在水里没法**大显身手**②。"八戒笑着说："猴哥别担心，我原是天上的水仙，在水里还有些本事。"

八戒找出自己的钉耙冲出水牢，看到什么就打什么，把珊瑚屏障打了个粉碎，龙宫被他搅得**天翻地覆**[3]。九头水妖得知八戒逃了出来，急忙拿起大刀，和他打了起来。八戒骂道：“妖怪，快快交出宝物，我好饶你一条命。”那妖怪气得**七窍生烟**[4]，和八戒打得更激烈了。

八戒琢磨着擒贼先擒王，就甩开九头水妖，引老龙王浮出水面。悟空正在岸上埋伏，待老龙王冒出头，奋力挥起金箍棒，把他打死了。八戒游上岸，对悟空说：“刚才我在水下，把那些水妖打得**落花流水**[5]，他们的士气大减。不过九头水妖本领高强，幸好我机灵甩开他，引出了老龙王，不然又是一番苦战。”

八戒和悟空商量对策，打算潜到水下偷出宝物。就在这时，狂风滚滚，原来是二郎神和梅山六兄弟。八戒腾云驾雾，追上二郎神请他助一臂之力，大家合力打败了九头水妖夺回了宝物，和二郎神道别后，悟空、八戒回到了祭赛国，把宝物**物归原主**[6]。祭赛国国王重获宝物，欣喜若狂，盛情款待了他们，还亲自送他们出国。

③天翻地覆

形容变化极大或闹得很凶。

近义词：翻江倒海

反义词：一成不变

④七窍生烟

形容气愤之极，好像耳目口鼻都要冒出火来。

近义词：火冒三丈

反义词：心平气和

⑤落花流水

凋谢的花朵随着流水漂去。形容残春景象。也形容零落、残乱的样子，或遭受惨败，被打得零落不堪的样子。

近义词：屁滚尿流

反义词：大获全胜

⑥物归原主

归：归还。东西归还给原来的主人。

近义词：完璧归赵

反义词：久假不归

趣味练练练

成语总动员

根据图意，把成语补充完整。

心		神							
			然						
			自						
			得			形			
						势			苍
						逼			发
			济		才				
									白
			一						明
			堂	堂		正	大		

成语连连看

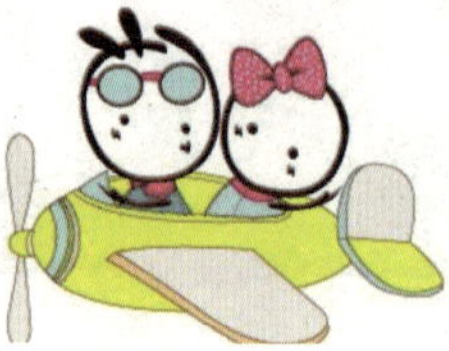

根据图意完成成语接龙。

力	争								
			山						
			玩						
			水	落					
						人			
						料			
						如			
						神			奕

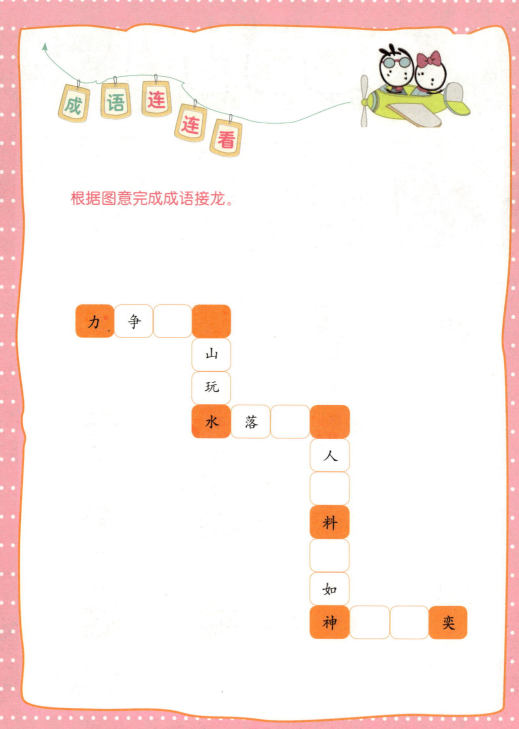

趣味练练练 参考答案

第1集

成语练习场

人老珠黄　赤胆忠心　黑灯瞎火　白云苍狗　紫气东来　绿叶成荫　心如死灰　青梅竹马

成语贪吃蛇

昭然若揭　揭竿而起　起早贪黑　黑灯瞎火　火上浇油　油然而生　生离死别　别有洞天
天之骄子　子虚乌有　有目共睹　睹物思人　人非草木　木已成舟　舟中敌国　国破家亡
亡羊补牢　牢不可破　破涕为笑　笑里藏刀　刀光剑影　影影绰绰

第2集

看成语，选季节

春天：春暖花开　绿草如茵　雨后春笋　　夏天：烈日炎炎　骄阳似火　暑气熏蒸
秋天：金风送爽　秋色宜人　雁过留声　　冬天：冰天雪地　银装素裹　白雪皑皑

成语接力赛

日薄西山　山高水长　长风破浪　浪子回头　头破血流

第3集

神龙摆尾

无迹可寻　寻花问柳　柳暗花明　明镜高悬　悬壶济世　世风日下　下笔如神　神气活现
现身说法　法力无边

成语练习场

拭目以待　待人接物　物华天宝　宝刀未老　老当益壮

第 4 集

成语接龙

龙腾虎跃　跃然纸上　上蹿下跳　跳梁小丑　丑态百出　出尔反尔　尔虞我诈

成语填空

卧虎藏龙　龙生九子　牛郎织女　亡羊补牢　千军万马　叶公好龙　画蛇添足　青梅竹马
龙马精神　金戈铁马　庖丁解牛　汗牛充栋　塞翁失马　守株待兔　三人成虎

第 5 集

成语接龙

地久天长　长治久安　安之若素　素不相识　识多才广　广开言路　路不拾遗　遗臭万年
年深日久　久负盛名　名列前茅　茅塞顿开　开门见山　山高路远　远走高飞　飞沙走石
石破天惊

成语谐音接龙

风花雪月　跃然纸上　伤心欲绝　决一死战　崭露头角　娇生惯养　羊入虎口　扣人心弦
闲言碎语　愚公移山　姗姗来迟　痴人说梦

第 6 集

成语填空题

胸有成竹　竹报平安　安之若素　素不相识　识途老马　马到成功　功成名就　就事论事
事不宜迟　迟疑不决　决一雌雄　雄心壮志　志同道合　合情合理　理直气壮　壮志凌云
云程万里　里通外国　国色天香　香草美人

成语接长龙

石沉大海　海阔天空　空谷传声　声势浩大　大呼小叫　叫苦连天　天长地久　久闻大名
名落孙山　山摇地动　动之以情　情深似海

第 7 集

神龙摆尾

后来居上　上善若水　水中捞月　月白风清　清心寡欲　欲罢不能　能说会道　道听途说
说一不二

叠字成语游戏

脑满肠肥　肥头大耳　耳聪目明　明知故问　问鼎中原　原封不动　动魄惊心　心花怒放
放虎归山　山清水秀　秀外慧中　中流砥柱

第 8 集

行动大观园

名山大川　川流不息　息息相关　关门大吉　吉星高照　照猫画虎　虎口拔牙　牙牙学语
语重心长

动词组成语

走马观花　欢呼雀跃　奔走相告　满载而归　跋山涉水　劈波斩浪　前赴后继　横行霸道
神出鬼没　披星戴月　日夜兼程　耀武扬威　营私舞弊　兴风作浪　身手敏捷　风驰电掣

第 9 集

成语总动员

为人师表　表里如一　一臂之力　力透纸背　背信弃义　义不容辞　辞旧迎新　新仇旧恨
恨之入骨

选择近义词

人云亦云——随声附和　毛遂自荐——自告奋勇　螳臂当车——自不量力
白日做梦——痴心妄想　没精打采——委靡不振　天经地义——理所当然
滚瓜烂熟——倒背如流　风声鹤唳——草木皆兵　名列前茅——独占鳌头

第 10 集

成语练练练

大是大非　非亲非故　故弄玄虚　虚张声势　势在必行　行云流水　水到渠成　成家立业

成语接长龙

力不从心　心满意足　足智多谋　谋财害命　命中注定　定倾扶危　危急存亡　亡命之徒

第11集

成语猜谜语

龙——充耳不闻　一——接二连三　哑——有口难言　主——一往无前
呀——唇齿相依　判——一刀两断　者——有目共睹　泵——水落石出
扰——半推半就　黯——有声有色　田——挖空心思　十——纵横交错

成语接龙

机不可失　失道寡助　助人为乐　乐不可言　言之有理　理直气壮　壮志凌云　云淡风轻

第12集

成语猜灯谜

待到秋来九月八——黄道吉日　广播新节目——闻所未闻
单身户；闯王府——自成一家　单线联系——知己知彼
当天到陕甘宁——一日三省　淡淡青山，盈盈秋水——眉清目秀

成语接长龙

风急浪高　高山流水　水泄不通　通宵达旦　旦夕之间　间不容发　发扬光大　大智若愚
愚公移山　山穷水尽　尽心尽力　力大无穷

第13集

选词填空

叶公好龙　龙马精神　龙飞凤舞　鱼龙混杂　群龙无首　攀龙附凤　马如游龙

成语接长龙

做贼心虚　虚张声势　势如破竹　竹篮打水　水月镜花　花言巧语　语不惊人　人之常情

第14集

选填反义词

从容不迫——惊慌失措　没精打采——神采奕奕　口若悬河——笨嘴拙舌
见死不救——救死扶伤　鼠目寸光——远见卓识　理直气壮——理屈词穷

畅所欲言——欲言又止　事半功倍——事倍功半　口是心非——心口如一
心平气和——忐忑不安

成语填空题

号啕大哭　哭笑不得　得心应手　手下留情　情同手足　足智多谋　谋财害命　命在旦夕
夕阳西下　下不为例　例行公事　事不关己　己所不欲　欲罢不能　能说会道　道听途说
说三道四　四面八方　方寸已乱　乱七八糟　糟糠之妻

第15集

成语猜灯谜

土地爷离开土地庙——神不守舍　阳春白雪伴楚王——曲高和寡
日照清波飞白鹭——浮光掠影　装饰天王府——粉饰太平

成语接长龙

南辕北辙　辙乱旗靡　靡坚不摧　摧枯拉朽　朽木不雕　雕梁画栋　栋梁之材　才高八斗
斗转星移　移花接木　木已成舟　舟车劳顿

第16集

成语猜灯谜

唐僧的肚皮——慈悲为怀　蚂蚁缘槐夸大国——不自量力
桃子破肚——杀身成仁　剃头的头发长，修脚的脚生疮——先人后己
广寒宫——空中楼阁　讨饭的打摆子——贫病交迫

成语接长龙

不可告人　人面兽心　心口不一　一见钟情　情投意合　和盘托出　出生入死

第17集

神龙摆尾

点石成金　金鸡独立　立足之地　地久天长　长治久安　安居乐业　业精于勤　勤学好问
问心无愧

成语游戏

时来运转　转悲为喜　喜不自胜　胜利在望　望尘莫及　及时行乐　乐极生悲　悲天悯人

人心不古　古稀之年　年深日久　久别重逢　逢凶化吉　吉人天相　相生相克　克己奉公

第18集

成语总动员

为民除害　害群之马　马到成功　功成身退　退避三舍　舍我其谁　谁是谁非　非亲非故　故弄玄虚

判断近义词

是　是　是　否　否　否　否　否

第19集

成语猜一猜

小荷才露尖尖角——出水芙蓉
卷我屋上三重茅——三顾茅庐
此曲只应天上有——不同凡响
朱门酒肉臭，路有冻死骨——死无全尸
野火烧不尽，春风吹又生——死里逃生
此时无声胜有声——妙不可言
轻舟已过万重山——一去不返
花谢花飞飞满天——秋去春来
大漠孤烟直，长河落日圆——烟消云散
知之为知之，不知为不知——实事求是

成语接龙游戏

奄奄一息　息事宁人　人山人海　海底捞月　月黑风高　高傲自大

第20集

成语总动员

心旷神怡　怡然自得　得意忘形　形势逼人　人才济济　济济一堂　堂堂正正　正大光明　明明白白　白发苍苍

成语连连看

力争上游　游山玩水　水落石出　出人意料　料事如神　神采奕奕